不倫手記

劇漫編集部 編

肉欲に従順な女たちの
淫臭に満ち溢れた性の遍歴

第一章

従順なまでに肉欲の声に応える女たち

ハイソな熟女が娘婿だけに魅せる肉欲ソーププレイ！

【投稿者】大西駿（仮名）／28歳／工学エンジニア

第二章　奔放に快感の高みを求め続ける女たち

第三章

無垢な心で性の深みを覗く女たち

第一章

従順なまでに肉欲の声に応える女たち

●年月をかけて培われてきた手練れの技は、女性を相手に愛欲の渦となって昇華する……

古い8ミリが映し出すのは、ある愛と肉欲の変遷……

【投稿者】君原聡子(仮名)／年齢不詳／無職

とある郊外の駅を降り、賑やかな商店街から一歩入ると、そこは表通りの喧騒が嘘のように思える静かな住宅街が広がっています。その中でも、ごく小さな、昔風の日本家屋が、私が30歳の頃からずっと過ごしてきた「我が家」です。

私の本当の年齢を言うと……皆さん、驚かれてしまいますから、それは言わないでおきますね。ただ、初めて会う相手には、40代前半とだけ打ち明けます。それでも、相当な嘘をついていることになりますが……。でも実際の話、その年頃から体型も肌の色艶もほとんど変わっていないのですから、そうひどい嘘ではないと自分では思っています。

私には、仕事らしい仕事というものはありません。強いて云うならば「夜伽」ということになりますでしょうか……。春をひさぐ女、というのは正確ではないように思います。私は、自らの意志で、ある男性の「妾」となることを選びました。もちろん、彼からは手当てを頂戴しています。でも、ただそれだけを見て、金銭と代償に自らの肉体を差し出す女とは思って頂きたくありません。私は彼を……愛していますし、彼は私の生活を保証することが、自分の精一杯の愛情だと思って欲しい……と話しています。それは彼が私を「囲い」始めた……幾十年昔から変わらないことで御座います。

私は、彼がここにやって来る、週に一度か二度……それこそ、心尽くしの「夜伽」を勤めております。彼は自分の「性向」に、私ほど適任の女はいないと心得、愛情を注いでくれますし、それは私にしても同じことなのです。このある意味「はしたない」私の性を、臆することなく受け止めてくれる男は、何十年も慣れ親しんだこの人しかいない……そう心の底から思っております。

そう、男は、ただ一人。

彼は、私の足の指を、たいそう好いてくれております。それは、私にとっても、とても気持ちの良いことです。

彼は、私の下着を脱がせます。でも、着物や浴衣は身につけたままにさせておくのが好きなのです。

塵一つなく掃き清めた和室の隅に、ビロード張りの小ぶりな椅子を置き、私はいつものようにそこに浅く腰掛けます。彼が好きなのは笠も何もない、裸電球。背の高さギリギリまで吊り下げた裸電球は、それだけでもかなり熱気を放ち、冬場でも汗ばんでしまう程です。そんな裸電球の薄暗い光に照らされ、私はギラギラとした彼の視線を浴びながらその椅子に腰掛け、ゆっくりと脚を開き、奥の紅色に光る秘密の部分をチラリと見せて、そして脚を組みます。かつてそんな場面で話題になった映画がありましたが、何十年も前から、彼は私にこうさせるのが何より好きだったのです。

「いいなあ……本当に綺麗だ」

「うふふ……」

やはり私も女ですから……「綺麗だ」という言葉をかけられて、嬉しくないわけがありません。自然と微笑みがこぼれます。

彼はそれから、じゅるるると舌なめずりをして、私の足の指をぺろりぺろり……と舐め始めます。最初は上品に……音を立てないで静かに味わうのですが、興奮してくるともう見境がありません。ぴちゃぴちゃ、ぴちゃぴちゃ……田んぼの蛙のざわめきのような、賑やかな音。どこまでも静かな部屋の中、その音だけが響き渡って、私は何とも言えず夢見心地。

彼は……行為が始まる以前に、私が風呂に入ったりシャワーを浴びたりすることを好みません。若いときとは違って、あちこちの匂いもより濃厚になってきている私は、たまらなく身綺麗にしたい欲望にかられることも少なくありません。それでも、そうしないことが彼への愛情の証だと心得て、私は自分でもむせ返るような足指の間や腋下、そして秘所などの香りをそのままにしておくのです。

匂いが濃厚であれば濃厚であるほど、彼は悦びを露にします。

「たまらん……お前がいてくれてよかった」

彼は丹念に舌先を指の間にこじ入れ、そして爪の奥の垢も残らず唾液で溶かしては、自分の舌で味わい、そしてごくりと胃の中へと収めていきます。爪と肉の間を舌でチロチロと掃除するように舐められるのは、本当にたまらない感じ……。左足の小指から始まり、小指と薬指の間、そして薬指……と、十本の指をじわじわと責められていくと、それだけでもう……体ぜんたいが蕩けてしまいそうになるのは、女の性というものでしょうか。

そして、足指を残らず責め尽くしてしまうと……彼は脇に延べた床の上に仰向けになって「こちらへお出で……」と囁きます。

足指の次は……そう、真紅に怪しく光るあの場所を彼は求めるのです。何十年変わらず求められても、その行為が恥ずかしいことには違いありません。彼が好きなのは……自分の顔の上に私を座らせることなのですから……。

私は着物の裾をまくり上げると、まるで和式の便器に腰を下ろすように、彼の顔の上へと腰を下ろしていきます。

「ふう……たまらん……いい香りだ……」

あまり彼に負担をかけたくないので、最初は腰を浮かせ気味にしています。彼も、少しはそこを自分の目で見られる、その体勢はキライではないのです。でも、だんだん、舌の動きがぴちゃぴちゃ、ぴちゃぴちゃ……と激しくなってくると……だんだん体重を支えていられなくなり、私の秘所は、彼の顔の上へ……もう私の中から滴り落ちてくる液体で彼の顔はしっとりと濡れていますから、その湿った感触は淫らと言うしかないものです。じんわりと、彼の舌が私の肉をこじ開け、ざらざらした表面で襞の奥まで舐められると、もう、その気持ちいいことと言ったら……。

彼は私の尻の肉に爪を立て、がっしりと握ると、飽きることなくいつまでもそこを舐めて、吸って、ときには軽く咬んだりも……。そして、おそらく、その中に溜まっているあれやこれやの老廃物を、彼はすべて溶かして、足の指と同じように飲み込んで行くのです。そんなことを思うと、その恥ずかしさで、もう……ああ、でも、その恥ずかしさこそが、底なしの快感の源なのだと、この年になってつくづく思わされるのです。だって……恥ずかしいのには、まだまだ、先があるのですから……。

「聡子……」

彼はめったに私の名前を呼びません。名前を呼ぶときは、その日の行為のクライマックスが近づいている証拠です。

「もう？」

「我慢できんよ」

「駄目な人ね」

「トイレには行っとらんだろうな」

「当たり前じゃない……うふふ……」

私は彼の顔の真上でもう一回腰を浮かせて、そして彼の口に狙いを定めて……ああ、恥ずかしい……思いきりお小水を放つのです。

布団の上で、お小水。失敗すれば、そのあたりすべてが……アンモニア臭くなってしまいます。彼はそれでもいいと言います。私も……キライではありません。

でも、若い頃からずっと、ずっと……この行為が大好きだった彼は、タイミングよく、私の股から放たれる液体を一滴残らず、ゴクリ……ゴクリ……と飲み干してしまうのです。

ああ、もう出る……出る……その直前のもどかしい感じ、そして放尿した瞬間の何ともいえないすっきりした気持ち……そして彼はそれを残らず飲み干すことで、私のそんな秘めやかな快感を共有するのです。

若い頃ほど勢いはなくなりましたが、それでも我慢に我慢を重ねたお小水の量はハンパなものではありません。

しゅー、ごくん、しゅー、ごくん……。

目を閉じて陶酔する彼の顔を見ると、私も得も言われぬ快感を覚えて……。

しゅー……しとしと……しと……。

「終わりか？」

「ええ……」

するとトイレットペーパー代わりの彼の舌が伸びてきて……私の生温かい出口をペ

ロペロと拭ってくれるのです。

不思議なことに……。

この行為は何よりも彼を興奮させているようで、お小水を飲み干すうちに、それまでぐったりとしていた彼の男根はぐぐ、ぐぐ……と上を向いてくるのです。

ぺろぺろ、ちゅるちゅる……彼は心行くまで私を味わいます。

そして、一段落したところで……。

「いいですか?」

私は声をかけます。かけないときもありますが、たいていは、かけます。

すると彼は「お出で」と一言。

私はにっこり笑って、そのまま膝をつき、彼の硬くなった男根の上へ動き、そしてまた腰を少しずつ下ろしていきます。

「は……ア……」

彼の男根を中に収めて、私の秘所はご満悦の様子、思わず口からは溜め息が洩れます。彼の興が乗れば、私を四つんばいにさせ、後ろから責めてきたり、あるいは私を仰向けにさせ、上からのしかかってきたりすることもあるのですが……でもたいていは、この夜のように、私がずっと上になったまま。

いいえ、それだけで、文字にはとうてい書き表せないような極上の快感が襲ってくるのですから、何も不満などありはしないのです。

裸電球の下で、世界で一番好きな男の顔が私の影に出たり入ったり。その幸福そうな表情を眺めると、もう私もたまらない気分になって……。

しゅる、しゅる……と、小さな音を立てて彼が腰を動かすと、私はぐるぐると腰をひねるように動かす。彼がぐるぐるくねると、私が上下に動く……まるで餅つきの杵と、こね役のように、私の秘所と彼の男根は立体的に動き回って、もう何十年も味わい続けてきた濃厚な快感を伝えてくれるのです。

「聡子……いいか……」

「あぁ……あなた……もう、たまんないわ……いつでも……ああ、イッちゃう……」

「聡子……」

腰をもう一度きつく掴まれて、パン！　と威勢のいい音が響くと、私ももうどこまでも落ちていく感じ……。私の中に彼の精液が満たされるのを感じながら、彼の体の上に上半身を倒し、背中をぎゅっと抱かれて、一つになった快感を心行くまで味わうのです。

……8ミリ映写機は、私の年齢を経た割には美しい背中をしばらく映した後、プッリと切れて、真っ白な画面を映し出しました。

「嫉妬しちゃうわ」

私と彼との何十年も変わらない濃厚な性愛の画面を目の当たりにして、安美はぽつりと漏らしました。

「うふふ、男もいいモノよ」

「そうなの？　私はちっともそうは思えないのよ……」

「そりゃねえ……やっぱり女どうしに比べてしまえばね」

私は安美の長く美しい黒髪を撫でながら耳もとで囁きました。

「そうかもね……私も今度、試してみようかなあ……男……」

「あら、私じゃご不満かしら」

「そんなことないのよ、聡子さん……でも、なんか、今の聡子さんと旦那さんのビデオを見たら……なんかムラムラしてきちゃったの」

「どれどれ……」

「あ、嫌……」

そう、私のはしたない性の営みを受け止めてくれる「男」はたった一人です。でも、「女」は……。

ああ、罪深い私。彼に何十年も生活を支えてもらっていながら、本当に愛しているのは「女」なのです。私は何人もの……いえ、何十人もの女たちと、彼のいない昼間や彼の来ない夜、この居心地のいい家で肌を合わせてきました。彼に足指を綺麗にしてもらうのも好き。彼にお小水を飲んでもらうのも好き。彼の猛々しい男根で肉襞を切り裂かれるように犯されるのも大好き。でも……。

私を捕らえて放さないのは、ゴツゴツした男の体よりも、どこまでもすべすべと柔らかく底なしの快感に耽ることができる、女性の美しい曲線なのです……。

固定した8ミリカメラで撮影した私と彼との痴態を眺め、興奮した安美の股間に私は指を伸ばしました。

「ああ、安美ちゃん……すぐこんなにびしょびしょになる貴女が大好きよ」

「嫌、聡子さん……そんなのずるいわ……私だけ興奮させちゃって……」

「いいのよ、貴女は若いのだから」

今どきの娘らしく、美しく手入れしてある陰毛の生え際の感触を手のひらで楽しみながら、私の指は彼女の奥深くへと伸びていきました。途端にその指はきつく締め上げられ、そして奥からはねっとりとした液体がこぼれ落ちてきます。ただ擦って、硬くなって、濡れて、出して……という単純な男性とは違い、女性は……百人いれば百通り、そしてその一人一人も日によってまったく違う反応をしてきます。性の奥深さでは比べようがありません。この日の安美は、あっと言う間に頂点へと上り詰めようとしていました。

「イヤ、一人じゃイヤよ、聡子さん……」

安美は、狂おしく燃え上がる自らの快感に酔いながらも、私をも燃え立たせようとして私の同じ秘所へも指を伸ばそうとして来ます。私達はじゃれ合いながら、布団の上でお互いの衣服を脱がせ、そしてお互いの股間へと顔を近づけ……。

先に口づけしてきたのは安美でした。よく湿った唇が私の花弁に押しつけられて、ちゅう……という音が部屋に響きます。若いのにたいしたものです。私はその健気な唇、そして後からやってきた舌に弄ばれ、少しずつ性感が高まっていくのを感じていました。じんわり、少しずつ、高まっていくこの感じ。

あっと言う間に燃え上がり、狂ったようにお互いを貪り合う男性との性愛を「電子レンジで温めた煮物」とするなら、時間をかけてゆっくり盛り上がっていく女性どうしの愛は「鍋でコトコト炊き上げた手造りの煮物」のようなもの。終わった後急速に冷えてしまう男とは違い、いつまでも余熱が残り、ずっと余韻に浸ることができる。

「ああ、溶けちゃいそう……」

私は安美を元気づけるようにとっておきの吐息を漏らし、そして今度は安美の若くバラ色に光るソコをぴちゃぴちゃ、ぴちゃぴちゃ……と舐め出しました。一心不乱に舐めると、安美はすぐにドロドロに溶けてしまいます。

「もう……イヤ……聡子さん……ねえ、本当は貴女いくつなの？　そんなの……イヤ……凄すぎる……もうダメえ……」

舌を転がし、指を目にも留まらぬ早さで動かし、私は何十年もかけて練り上げた自分の技術のすべてを安美へ注ぎ込み、若い体が敏感に反応するのを楽しみました。

「ねえ、もっと……もっと……」

私は泣きながらすがる彼女の足首をぐい、とつかみ、手首に引き寄せ、慣れた手つきでロープで縛り上げました。左手首と左足首、右手首と右足首を縛り上げられ、彼女のその部分は丸出しにされて私の目の前。

彼女との交わりでロープを使うのはこれが初めてでした。やはり最初は不安なのか「ねえ……聡子さん……私どうなるの……怖い」と、少し怯えているようです。

「大丈夫よ……もっと、もっと、……もーっと……よくしてあげるわ」

私は彼女の露出された谷間をペロリ、と大きく舐め上げると、日頃使い慣れた電動マッサージ器のスイッチを入れ、剥き出しのそこに近づけ、そして触れました。

「あ!……」

ぴくり、と彼女の体が震えました。あまりにも大胆な刺激、そして感じていても手足を自由に動かすことのできないロープの縛めが、その快感を何倍にも大きな物へと変えているのです。

「イッちゃう……イッちゃう……」

大きく形のよい乳房が、マッサージ器の振動につれて小刻みに震えているのが、とても美しい。すぐに絶頂に達して、何度も白目を剥いては瞬間気を失ったようになる安美の様子をじっくり楽しんだ後、私はその縛めを解いてやりました。

ハア、ハア……と肩で喘ぎながら白目がちになり、ときどき口から泡を吹く安美。

「ずいぶんイッたわねえ……今日はもうおしまいにしておく？」

「イ……イヤだわ……何を言うの……聡子さん……もっと……もっと……」

「フフフ……貴女も好きなのねえ……」

私は彼女の片脚を持ち上げると、その間に自分の股を滑り込ませて、秘所同士をぐいとくっつけて、腰を揺さぶり、ぴちゃぴちゃと音を立ててお互いの襞と襞の感触を楽しみ始めたのです。

ぴちゃ、ぴちゃ、ぴちゃ……

ハア……ハア……

「ああ……もう……」

「凄いわ、安美……貴女みたいにHな女、私初めてよ……」

「聡子さんだって……本当は……いくつなの……」

「ふふふ……ああ……いいわ……イッちゃう……！」

秘所はヒリヒリと熱を持つほど擦られ、快感はドロドロ底なし、それでも私達はお互いの腰を抉るように動かし続けるのをやめられませんでした。

●高慢ちきアイドル女子アナを陵辱するはずが、逆に主導権とムスコを握られて……

高飛車女子アナが貞操の危機に乗じて逆転AD狩り！

【投稿者】本山浩介（仮名）／27歳／映像制作会社勤務

私は、東京にある某製作プロダクションで、ADの仕事をしています。仕事先は民放各社……というと、皆さん、華やかな職場を想像されるかもしれません。

確かに、年収何十億というタレントさんには毎日のようにお目にかかれますし、海外取材も珍しい話ではありません。普通の仕事に比べたら、ゴージャスな空気が流れている場所であることは間違いないでしょう。

しかし、それは、売れているタレントさんですとか、ごく一部のテレビ局の正社員に限った話。我々下請けの、それもADというのは、正直言って、人間以下の扱いをされているのが実情です。

昔、某健康番組で起きたデータ捏造事件で、そうした下請け・孫請けの劣悪な実情がかなり報道されましたから、ご存じの方もたくさんいらっしゃることと思います。

テレビ局の人間でも、私たちを仕事仲間として大切にしてくれ、いろいろ便宜を計ってくれる人もいます。でも、そうした人は少数派。ほとんどは、我々下請け、孫請けを人間とは思わず、やりたい放題の使い捨てにすることが多いんです。

そんな中でも、筆頭格が、S放送の安田弓枝(仮名)というアナウンサー。本名を言えば、ああ、あの……と、誰もが頷くような若手美人アナですが、彼女ほど人を人とも思わないひどい人間も珍しいのです。

私は、安田が司会を担当しているクイズ・バラエティのADなのですが、その番組の収録がある毎週木曜日が、嫌で嫌で仕方がありませんでした。彼女は、その番組では某お笑いタレントとコンビを組んでいるのですが、夜10時ごろに本編収録が終わった後、彼女が一人だけで進行するコーナーを別撮りすることになっていて、それが毎週、深夜2時、3時までかかってしまいます。売れっ子であるタレントのスケジュール優先のため、そんな段取りになっているのですが、プライドの高い彼女にとっては「何で私だけ居残り!」と面白くない。

それも、普通にやれば、そんなに時間がかからなくて終わるのに、安田はすぐ台本にケチをつけ、さらに自分もトチることが多いので、どんどん遅くなってしまいます。

そしてそのイライラを全て、我々ADにぶつけてくるのです。

「あんたが目の前をウロウロするからトチっちゃったじゃないの！」

「こんなマズいコーヒーで、まともに喋れると思うの？」

すべては言いがかりなのですが、人間以下である我々には、言い返すことができません。ひたすら黙って耐える、我々ADにできるたった一つのことはそれだけです。

その日も、安田の不機嫌は炸裂し、我々はひたすら耐えました。ところが、珍しくトチリが少なかったため、すべての収録が、日付が変わる前に終了してしまったのです。

（久しぶりに電車で帰れる……）

スタッフは三々五々家路に着きました。私もとっとと帰りたかったのですが、最後に電源を落として鍵を閉める係だったため、なかなかスタジオから出られなかったのです。

（まだ誰かいる……）

機材の片付けなどもすべて終わりましたが、スタジオの奥の方で人の声がしています。迷惑だな、と思いつつ、近づいていくと、なんと、安田が、携帯電話でずーっと誰かと話し込んでいるではありませんか。

ここで文句でも言おうものなら、後でどれだけイヤミを言われるかわかりません。

私は、電車で帰るのをあきらめ、スタジオの隅の方で、持っていた漫画を読み始めました。ところが、30分、そして1時間近く経っても、安田は「キャハハ……」と、バカ高い笑い声を上げて、電話に興じています。

(バカ野郎……)

私はイライラしながら、ひたすら電話が終わるのを待ち続けました。さすがに午前2時が近くなってくると、明日の仕事のことが気になり始めます。私は意を決して、安田の前に立ち、「そろそろスタジオ閉めますけど」と大きな声で怒鳴りました。

安田は、チラ、とこちらを見ましたが、私のことをまったく無視して、相手と喋り続けています。

「いいのよ、別に……ADがうじゃうじゃ言ってるだけだから、気にしないで……」

その一言に、私の堪忍袋の緒がプッツン、と音を立てて切れました。私は、ツカツカとスタジオの入口まで歩くと、電源を落としました。ブーン……という音が響いて、スタジオの中は非常灯だけの真っ暗闇に。

すると、遠くから安田の叫び声が聞こえてきました。

「ちょっと！　何すんの、電気つけなさいよ……！　何も見えないわよ！」

確かに、暗いスタジオの中は障害物がたくさん転がっていて、私たちのように慣れている人間でも、危険な場所です。私は、いい気味だ……と思いながら彼女の方に近づいていきました。

「どうかしましたか」

「どうかじゃないわよ！　あんた何考えてんの、まだ私が中にいるのに、電源落とすなんて！　あんた、クビよ！」

その一言に、私はキレました。

「上等じゃねえか」

私は安田に近づきました。

「な、何するの！」

「どうせクビなら、世間で評判の女子アナとやらを、一つ味見させてもらおうと思いましてね……」

普段からセクシーな衣装で、男性視聴者から人気の高い安田です。この日も、ただでさえ大きな胸の膨らみを強調するようなピンクのスーツを着ており、私は以前から溜め息をつきながら見ていたその胸の中へ、腕をがしっとねじこみました。

「何するの！」

想像していた通り……いえ、それ以上の何ともいえない感触の胸。もうここまで来てしまえば、引き返したところで、クビは同じこと。それならば、行くところまで行ってやろう。覚悟を決めると、自分の中にめきめきと欲望が生まれてくるのを感じました。

私はスタジオの隅に安田を追い詰め、獲物を捕らえたネコのように、彼女をいたぶりながら脱がせにかかりました。腰からいつも下げている手ぬぐいを取ると、猿ぐつわにして彼女の口に噛ませ、声を上げられないようにして、ちょうど小道具として転がっていた座布団の上に彼女を横たえ、馬乗りになりました。全国、何千万という男性視聴者が、憧れの目で見ている人気女子アナが、今、自分の腰の下でのたうち回っている。たった一晩だけのこととはいえ、私のような「人間以下の存在」にとっては、夢のような出来事です。私は彼女のスーツを脱がせ、そしてブラウスのボタンを舌なめずりしながら外していきました。

「うぐ……やめ……」

なんとか私の腕から逃れようと、身体をひねらせる安田。まるで哀願するかのように私の目を覗き込んでいます。ふだんの高飛車な態度からは、打って変わった殊勝な様子ですが、しかし、そうやって情けない姿を見せれば見せるほど、これまでどれだけ煮え湯を飲まされてきたかが思い出され、私の暗い欲望の火に油を注ぐことにしかなりません。

ブラウスを取ってしまうと、中からはブラジャーに覆われた豊かな胸が姿を現しました。黒く、ピンクの薔薇の花が刺繍してあるブラジャーは見るからに高級なのがわかるつくりです。私も何人かの女性とベッドを共にしたことがありますが、ここまで豪華な下着を身に着けていた女は一人もいませんでした。

そして、その黒い布に覆われた内側の胸の曲線の見事さといったら。ブラジャーをしているだけの上半身裸の姿も捨てがたいものがありましたが、しかし、私の中の欲望はさらに先に進むようにと命じています。

思いきってホックを外すと……中から出てきたバストの、何という形のいいこと！そして、その真ん中にツンと上を向いて位置している、ピンク色の乳首の何と美しいこと。さらに……何と表現すればいいのでしょうか、何か特別な香水を使っているとか、そういうことではなく、とにかくいい「香り」がそこから漂ってくるのです。金のかかった女の匂い、とでも言うしかありません。

見事なバストの形、そしてゴージャスなその香りを嗅いで、私の興奮は頂点に達しようとしていました。もうズボンの中の肉棒は、戒めを解いて欲しくてウズウズとしています。それは、自分でもびっくりするほどの大きさに、膨張しきっていました。

（とりあえず、しゃぶらせよう……）

私は、とにかく、この高慢ちきな女の口に、自分の肉棒を咥えさせたくて仕方がなかったのです。ベルトを外し、ファスナーを下ろすと、あまりにも膨張しているため、下着に引っかかるのを苦労しながら外し、ようやくそれを露出させました。

「食らえ、このクサレアマ……」

私は腰を前に出し、安田の目の前に自分の欲望の象徴を突きつけてやりました。彼女の目に怯えが浮かぶかと思いきや……。

ところが、なんと、彼女の目は、私のそれを見た瞬間、イキイキと輝き出したのです。おもちゃをせがむ子供のように、彼女が私のその部分を喉から手が出るほど欲しがっているのは、火を見るよりも明らかでした。

（なんだ、この女……ただの淫乱なんじゃねえか!?）

目の前にそれを近づけて、猿ぐつわを外してやると、安田は手を伸ばし、ごく自然に握り締めると、ペロペロと凄まじい音を立てて、上へ下へと激しく舐め始めました。まるで安手の風俗の女のような、ひたすら激しいフェラチオです。しかし、私のペニスを握っている美しい指も、私の先端を口の中に収めてすぼまっている白い頬も、紅い唇も、紛れもなく、ブラウン管の人気者である「安田弓枝」その人に間違いないのです。

あの、いつもブラウン管でにこやかにほほえんでいる、週刊誌でも常に恋人の噂などが取りざたされる、人気アナウンサーが、私の陰茎をチュウチュウと淫らな音を立てて吸い上げている……。

いつもの高慢な素顔を見慣れている私にとっても、これはちょっとしたエキサイティングな出来事でした。あまりにも美しい横顔と、その淫らさの落差に私はクラクラとなって、すぐに興奮の頂点に。

「う……い、イク……」

強さを見せつけようとしましたが、日本一とも言われるほどのいい女に、ここまで献身的なフェラチオをサービスされてしまってはどうしようもありません。

「……うぅ！」

チュウ！　と、安田が強く吸い上げるタイミングで、私は達してしまいました。頭の中で七色の色彩が弾け、彼女の口や胸の谷間から漂ってくる、えも言われぬ香りに酔いながら、私はその小さくすぼまった口の奥へと、溜まった精液を流しこみ続けました。

「……ふう……」

ところが、驚いたことに、私の最後の一滴まで絞り尽くした後も、安田はそれを握って放さず、それどころか、射精する前よりもさらに激しく、チュウチュウと吸い、舐め、カリの先端から袋の底まで、ありとあらゆる場所に唇、舌、そして指先で攻撃を続けてきたのです。

「や……安田……さん？」

私が問い掛けると、安田はテレビでは絶対に見せない好色な目つきで、こちらをチラリと見つめました。

「あんた……ＡＤの分際で、ずいぶん立派なモノ持ってるじゃないの……今夜はたっぷり楽しませてもらうわよ……」

それは、まるで、白雪姫に出てくる美しいお后が実は魔女だった、といった感じの、寒気のするような微笑でした。しかし、その指遣い、舌さばきは凄まじいとしか言いようがなく、そんな寒気とはまったく関係なく、私のペニスはすぐにまた硬く、大きく……自分でも信じられないようなサイズへと膨張してしまったのです。

最初は、私が安田をレイプし、辱めているつもりだったのに、いつの間にか立場はすっかり逆転していました。私は、冷たいスタジオの床に置かれた、2～3枚の薄い座布団の上に仰向けに寝かされて全裸にされ、その上に、これまたスカートもパンティも脱ぎ捨てて、見事な曲線を惜し気もなく露にした彼女が、まるでセックスに飢えたケダモノのような表情で、のしかかってきているのです。

「ふう……いい子ねえ……」

安田は私の顔に顔を近づけ、私の口の中に舌をねじこみました。

「く……苦しい」

私が息苦しくなるのなどまったくお構いなしに、彼女はザラついた舌で私の口の中を一通り味わい、それから私の乳首、腋の下、そして腹、下腹部……。

さっき、さんざん舐め尽くされ、そのテクニックは覚えているはずの私でしたが、しかしそれにしてもその刺激は絶品でした。少しはこちらのペースで……などと思っても、いったん淫乱のスイッチが入ってしまった女……それも超一流の……には、太刀打ちできるはずもありません。私は、すぐに感じる場所を覚えられてしまい、そこを効果的に責められると、もう、イチコロでした。

「ほらほら……遠慮しなくてもいいのよ……もっと大きくしなさいよ……まだまだこんなもんじゃないでしょう?」

私は、確かに、自分のモノが、他人に比べて、そんなに見劣りするものではないと思っていました。ただ、日本中の男性が夢に見るようなこの女子アナが、ここまで感動するほどの「シロモノ」だったとは……。

「ふふふ……いいわよ……どんどん大きくなってきた……ああ、たまんないわ、ねえ、どうしてもっと早く、あんた、このオ◯ン◯ンを、私に見せなかったの……」

ムクムク……と大きくなるソレを、安田はとても楽しそうに見つめ、そして私の身体にまたがるようにして、自分のアソコを私に見せつけるように拡げて見せました。黒々としたヘアの真ん中がパックリと割れて、ピンクの中身が目の前に。そこはもうしっとりと濡れそぼっていて、安田がゆっくりと指を動かすと、粘り気のある液体がツー……とその指先に添って、蜜壷の真ん中から糸を引きました。

「うふふ……」

安田はとても楽しそうに、私の上で股を拡げ、そして腰を下ろして騎乗位で結合してきました。すぐに私はぐしょぐしょに濡れた秘肉に締め付けられ、この世のものとは思えないほどの快感を覚えました。

「あ……」

私の腰の上で、私を飲み込んだ安田が、前後左右に腰を楽しそうに動かしています。その様子はまるでダンスを踊っているかのようです。ただでさえ美しい女が、欲望に身を任せ、身体を淫らに揺さぶる様子は、見ているだけでも興奮させられるのに、その濡れた恥ずかしい肉に、自分自身がサンドイッチされ締め上げられているとなると、その刺激たるや尋常なものではありません。

私は、いつしか、その美しい胸をもっとダイレクトに感じたくなり、上体を少しずつ起こしていきました。性器の密着度はさらに高まり、ぴちゃぴちゃ…ぴちゃぴちゃという音がさらに激しく耳に飛び込んで来ます。私はグイ、と安田の美しい身体をきつく抱き締めました。私の胸で、彼女の大きな胸が押し潰され、何ともいえない感触です。

「ああ……」

私は、彼女を抱き締めたまま、腰をグイグイ……と左右に動かそうとしました。ところが、その格好では、あまり自由に動けないのです。

するとと彼女は、今度は自分から後ろに手をついて、仰向けに倒れ込んでいきました。

「好きにしていいのよ……」

私は、正面から、彼女を押さえつけるような形になり、グイグイ……と、好き放題に腰を動かし始めました。もう、テクニックも何も、あったものではありません。とにかく、ひたすら、激しく、激しく。あの高慢な、嫌らしい、権力の象徴のような、金のかかった、自分とは一番縁遠い所にいる、上流階級の象徴のような……そんな国民的アイドル女子アナを「犯す」。その醍醐味を存分に味わうには、こうして、ひたすら、彼女が裂けてしまうほど、「押しまくる」ことしかない、そんな風に思っていたのです。

「ハア、ハア、ハア……」

私の腰遣いには、長年の恨みも込められていたかもしれません。普通のセックスであったなら、女性の様子を確かめつつ、こちらも次第に感覚を高めていく……そんな心遣いが自然と出てくるものでしょう。

しかし、この鼻持ちならない淫乱女を屈服させるには、そんなことをしていたらとてもじゃないけど不可能だ、私はそう思ったのです。どんなに痛がろうと、苦しがろうと、もうダメ……とギブアップするまで、ひたすら攻め続ける。この女に「負けた」と思わせるには、それしかない、私にはそんな風に思えたのです。

ぴちゃ、ぴちゃ、ぴちゃ……。湿り気を帯びた粘膜がぶつかりあって、とてつもなくイヤらしい音が響きます。安田の呼吸は次第に荒くなり、目は虚ろになってきました。

「……いいわ……いいわぁ……！」

白い身体は全身うっすらと汗ばんで、どこもかしこもピンク色に光り始めています。私は彼女の脚をしっかりと掴んで、どこにも逃げられないようにしながら、私はひたすら腰を前後に揺さぶります。一瞬でも気を抜けばこちらがイッてしまうでしょう。私は自分の中で、積もり積もった彼女への憎しみを呼び起こし、本気でその股が裂けてしまえばいいと思いながら、腰を激しく振り続けました。

「……ああ……ああ……もう……」

安田は白目を剥きながら、凄まじいヨガリ声を上げます。絶頂が近いのは明らかでした。最後は思いきり中で出してやる。私の頭の中にはそれしかありませんでした。

「……もう、ダメ……ダメぇえ！」

「お願い、イカせてぇえ！」

「死ぬ、死ぬ……死んじゃう……！」

「お願い、頂戴、早く……」

私は彼女が口から泡を吹き始めたのを見て、もう十分だろう……と、自分もそこでイクことにしました。動きをさらに早め、一回、二回、三回……ああ、来ました！

「イクぅ！」

ぐいっ！

このクサレマ〇コ、裂けてしまえ……そう思いながら私は思いきり前へ突き立てました。ドクドクドク……と、何度も何度も背骨が痙攣して、安田の裂け目の中に私の精液が注ぎ込まれていきました。

「ふう……」

どれくらいそのまま私たちは結合していたのでしょう、私が（もういいか……）と、彼女の中から生身のペニスを引き抜くと、驚いたことにハアハア息を切らしていた彼女が、本能的にそちらに顔を向け、まだびちゃびちゃしているソレを嬉しそうにもう一度、口に含んでみせたのです……。

●学校の勉強も性教育も全て姉から学びました……。一生、学びは続きそうです

姉の異常過ぎる性欲望が僕を肉棒奴隷へと育て上げた

【投稿者】西島雄一（仮名）／21歳／大学生

僕は子供の頃からずっと、姉のおもちゃにされてきました。2つ違いの姉……加奈は、僕が物心ついてから長い間ずっと、僕につきっきり。小さい頃はよく面倒を見てくれて、それはそれで有り難かったのですが、ある程度の年齢になってくると、なんとなくうっとうしく感じることも多くなってきました。男の友達と遊んでいても、すぐ加奈が寄ってきてあれこれ僕の秘密をバラしたりするので、僕にはなかなか友達ができませんでした。

「雄一は私のモノなんだから。誰にも渡さないからね？」

両親はそんな姉の言葉をほほえましく思っていたようですが、僕には本当に恐ろしい言葉だったのです。姉は僕がまだ2歳か3歳のころから僕のパンツを脱がせて、小さなペニスを悪戯するのが大好きだったのです。何度も両親に助けてもらおうとしたのですが、僕が姉にいじめられた……と言おうものなら、逆に姉の方が泣き出して、

「いじめたのは雄一のほうなのよ」と名演技。僕はおかげで逆に両親からこっぴどく怒られてしまうのがオチだったのです。さすがに、小学校に入る頃には、そんなこともあまりされなくなってはいましたが……。

それでも姉は、僕が風呂に入っているといきなり扉を開けてガラリ……と中に入ってきて僕が体を洗うのを面白そうに眺めていたり、両親がいない時はわざと自分の部屋のドアを開けたまま着替えて、あられもない姿を僕に見せつけようとしたりしていたのです。

13歳の時、僕はオナニーを友達に教えてもらいました。世の中にこんな気持ちイイことがあるのか……と、僕は勉強するのも忘れてその行為に没頭しました。とはいうものの、もし姉にそんな現場を見つかってしまったら大変なことになるのは目に見えているので、姉が出かけている時間か、夜中、家族が寝静まった時間しかできないのですが……。

ただ、僕は、友達たちのように気軽にガールフレンドを作り、早くHを体験したいという気持ちは薄かったのです。もちろん、オナニーよりもホンモノの女性とする方がずっといいんだろうな……ということはわかってはいたものの、もし彼女ができたことを姉に悟られようものなら、どんな騒ぎになるか……そちらの方が怖かったのです。

そんな僕の「右手の友」は、もっぱら雑誌のグラビアでした。中でもお気に入りはHという巨乳のグラビアアイドルで、彼女が浜辺に横たわり、男を誘うような目つきをしながら軽く開いた股間に右手を伸ばしているアングルの写真(今でも思い出すだけでヌケそうな気がします)は、どれくらいお世話になったことか……。

その晩も僕は、勉強が一段落したので、ちょっと「一服」しようと思い、ジーンズのベルトを外し、ファスナーも下ろして、ベッドの傍の隠し場所から写真のコレクションを取り出そうとしました。

ところが……ないのです。いくら探しても、写真がごっそり、なくなっているのです。ちょっとしたパニック状態になってしまった僕は、不用心にもガサゴソ……と、けっこう大きな音を立てながらあたりを探してしまいました。

「捜し物は……これかな?」

気がつくと、いつの間にか姉が僕の写真コレクションの入った袋を手にして、部屋の中に入っているではありませんか!

「加奈……」

「あーあ、ヤダなー、そんなみっともないカッコして」

僕はあわててトランクスからハミ出していたモノを押し込み、ジーンズのファスナーを上げました。

「バカ……やめろよ、俺だってもう大人なんだぜ。勝手に部屋に入るな！」

「大人って……まだ中学生じゃん。あたしなんかもう女子高生だよ」

「……いろいろあるんだよ、男には」

「いろいろって？　何？　オナニー？」

姉はニヤニヤ笑いながらベッドに近づき、僕のとなりに腰を下ろしました。彼女はパジャマは着ていましたが、明らかにノーブラで、大きな胸がユサユサと揺れています。

「もう、雄一ったら。知らない間にイッチョマエになっちゃって……。毎晩やってんでしょ、シコシコって」

そう言うと姉は、いきなり僕の股間に手を伸ばし、ジーンズの上からそこを撫で始めたのです。彼女はいつ、どこで、誰とこんなテクニックを身に付けたのか知りませんが、僕は心の中では（絶対勃つものか！）と固く思っているのにもかかわらず、その部分は僕のコントロールなど無視して、勝手に元気になってしまうのです。あっと言う間に大きくなったソレは、硬いジーンズの布地に押えつけられてパンパン……。

「や、やめろ、加奈……」

「ホントはやめてほしくないクセに。いいのよ、お姉ちゃんが気持ちよくしてあげる」

僕は大声を出して両親に助けを求めようかと思いました。でも、こんな恥ずかしい姿を親に見せることを思うと、とてもじゃありませんが、できません。

いったいどうすればいいのだろう……僕がとまどっているうちに、姉は手際よくボタンを外して、ファスナーを下ろしました。とたんに大きくなったペニスが、手品の鳩のように姿を現します。

「かわいい……」

姉がうっとりしたような声を出しながら、それを軽く握りました。くやしいけど、……キモチいい。

「あんた、子供のころも、私にこういう風にされるの、大好きだったのよ、覚えてる？」

姉は白く細い指で僕のモノをちょっとシゴいてみたり、指先で弾いてみたり。僕はみるみる感じてしまって、「あ……」と呻きながらすぐに射精してしまいました。

「しょうがないわねえ」

姉はティッシュを取り出してべたつく液体をさっとふき取ると、その後は体をかがめて、なんと自分の口で、僕のソレをぱっくりと挟み込んだのです。

「な、何するんだ……」

「いいの。きれいにしてあげる」

射精したとはいっても、まだまだ元気なその部分は、姉の唇に挟み込まれて、再び硬さを増していきました。そして、二つに割れた先っぽの部分に、姉の舌がねっとりと絡みついて、なんとも言えない快感が……。

「どう、キモチいい？」

僕は意地でも気持ちいいなどと言うつもりはありませんでした。でも、その部分はもう興奮しまくりで、まだまだ何度でもイケそうな感じになってて。

「あ……」

姉の舌が僕のカリのところをツンツンと突いたので、思わず喘ぎを洩らすと、

「ふーん、いいんだ、こういうの」

と、イジワルっぽく笑うのです。

「いいのよ、私、あなたのこと、ずーっと面倒見てあげるから。したくなったら、いつ

でも言いなさい。今日で童貞も卒業ね」

そう言うと姉は、自分でパジャマのズボンを脱ぎ捨て、仰向けになっている僕の上に、すっかり硬くなって、しかも姉の唾液でベトベトしているペニスに向けて、ゆっくりと腰を下ろしてきました。

「イヤだ……やめろ……」

「大声出さないの！　お父さんやお母さんが起きたらどうするの？」

僕の一番敏感な部分を、しっとりと濡れた姉の膣が包み込んでいきます。なんともいえないその感触……姉に犯されるのは屈辱的でしたが、それでもその若い女性ならではの瑞々しい性器の魅力には勝てません。

さっき一度射精しているからといって、経験のない僕にはいきなりの騎乗位挿入は大変でした。でも、姉はどこかでずいぶん経験を積んできたようで……この町でも一番の進学校にラクラク進んで、しかも成績はトップクラスだというこの姉が、いったいいつ、誰と、経験を重ねているのかは謎でしたが、僕がイキそうになると、わざとゆっくり動いたり、時には止まったりして、どうしてもイカせてくれないのです。

「私がいいって言うまで、絶対にイッちゃダメよ。わかってるわね……」

僕の体は天国に、心は地獄にいました。姉とのセックスのあまりの気持ちよさと、このままこうして一生こんなことを続けていかなければならないのか……という絶望的な気持ちとの奇妙なミックス。

姉は僕を見下ろし、にっこり微笑みながら腰を気持ちよさそうに前へ、後ろへとスライドさせていきます。その度に、上半分しか着ていないパジャマの胸がユサユサ揺れるのが、とても気になって……。僕はだんだん、その揺れるバストを見たくて、見たくて、仕方なくなってきました。けれども、そんなことを姉に言おうものなら、後々ずーっと僕をいじめるネタにされるのは目に見えています。

姉は、そんな僕の心を見透かすかのように声をかけてきました。

「ねえ、私の胸見たいんでしょ?」

僕は目をつぶって首を横に振ります。

「ふーん……じゃ見せてあげないよ」

姉は面白がって僕をからかいます。腰をクイクイと回してみたりして……。僕はもう完璧に彼女にコントロールされています。

僕は一生懸命、そのセリフを飲み込もうとしました。でも……とうとう我慢しきれなくなってしまったのです。

「加奈……」

「なあに？」

「加奈の……胸、見せて」

「もっと丁寧にいいなさい」

「お願い、見せてください」

「しようがないなあ」

姉はじらすようにパジャマのボタンを一つずつ外して、最後に後ろにバサッと投げ捨てて、僕はようやく待ちこがれたその二つの白い丘を目にすることができました。

大きい、柔らかい、そしてその先っぽにはツンと尖ったピンクの乳首が……ユサ、ユサと二回、三回上下するのを見たら、もう僕はどうしようもなく、彼女の尻の当たりをつかむと、「うあああ……」と小さく呻きながら、今度は彼女の中へ、精液を下から注ぎ込んでしまったのです。

姉が自分の部屋に戻った後も、僕はつい先ほど起きた事件を思い出して、何度も何度もオナニーを繰り返してしまいました。さすがに翌日は、オシッコするときにかなりの痛みを覚えたものです。

2年後、僕は姉に命じられるままハードに勉強して、見事に彼女と同じ高校に入ることができました。もし別の高校にでも入ったりしたらいったいどんな嫌がらせをされるかわからなかったことが一つと、逆に同じ高校で彼女の様子を探れば、弱点の一つや二つは見つけられるだろうと思ったのですが……。

でもそれは、どうやら甘い考えだったようです。いったいどうすれば、あんな完璧な女子高生が出来上がるのだろう、というくらい彼女はパーフェクトでした。勉強は学年でトップクラスだし、クラブ活動ではバスケットに入っていてキャプテン。またバンドもやっていて、彼女はギターとボーカルを担当していましたが、学園祭での人気はダントツ。ただ一つ、弱点があるとしたら、それは彼女がとんでもない変態ストーカーで、弟をナグサミモノにしているということだけ……。

彼女は情報網も完璧でした。僕が同じクラスの子とデートする、なんて噂を聞きつけると、その待ち合わせ場所に先に来ていて、遠くから手を振ったりするのです。その時も、相手がけっこう積極的なコで、ホテルに行きたそうなそぶりを見せていたのですが、後で姉にどんな仕打ちをされるのかと思うと恐ろしく、僕は姉以外の女性とセックスできるチャンスをみすみす逃してしまったのです。彼女は二度とデートの誘いに応じてはくれませんでした。

僕は何度も、姉を殺して自分も死んでしまおう……と思ったことがありました。でもそんな思いは……夜、姉が僕の部屋に入ってきて、すっかり大きくなったモノを彼女の中に収めてしまうとすぐに消えてしまうのです。

翌年の春。姉は見事に大学への推薦入学を決め、あっと言う間に卒業式の日が来ました。これでしばらくは、自由な時間が来る……そう思うと僕もとてものびやかな気分になっていました。

卒業式が終わって、僕は姉に見つからないうちに逃げ出そうと、教室で帰り支度をしていると、隣の席の友人に肩を叩かれました。カレが入り口を指さすので、そっちを見てみると……なんと、卒業証書を小脇に抱えた姉が僕を手招きしているではありませんか。

(なんだよ、もー)

「ちょっと付き合ってよ」

「なんだよ、卒業生はこれからコンパとか行くんだろ?」

「集合時間まではちょっとあるのよ。いいから付き合いなさいよ」

姉が僕を連れて入ったのは、女子バスケット部の部室でした。

「なんだよ、こんなとこで。入ってるの見つかったら怒られるぞ」

「卒業式の日にこんなとこに来るバカはいないわよ、いいから……」

若い女のムンムンとした匂いの満ちた部室の中は、妙にエロティックでした。僕がもの珍しそうに回りを見回していると、姉がいきなり僕をドアに押しつけ、僕の前にひざまずくようにすると、制服のファスナーを下げ、フェラチオを始めたのです。

「な、なんだよ、こんなとこで……」

「いいじゃない、一度あんたと学校の中でやってみたかったのよ。今日が最後のチャンスだから……」

姉がこういう気分になっていたら、もう僕にはどうしようもありません。こちらも一緒になって楽しむしかないのです。

僕はリラックスして、ペニスを吸い、軽く噛み、そして舐め上げる姉の動きを全身で感じました。高校の制服に身を包んだ姉に、こんなことをされるのは、初めてだったので、なんとなくいつもより興奮していたことも事実です。姉、というよりも、制服を着た女子高生というイメージが強くなって。

たっぷりしゃぶらせた後は、僕は珍しく積極的になり、姉に尻を突き出させ、制服のスカートをめくって後ろからインサート。

「ああ……スゴい」

毎晩、寝室で僕を襲ってくる姉と違い、ここにいるのは成績優秀でスポーツ万能で、ギターも歌もイケるこの高校のナンバーワン女子高生。そう思うと僕も、ものすごく欲情してしまって……。

後ろから突くと、タダでさえ濡れやすい彼女のその部分から、後から後から透明な液体が部室の床に滴り落ちて、水たまりのようになって。

「いい、いい、雄一、もっと……」

「ああ……加奈……イキそうだ」

「いいよ、イッても……アアア！」

僕は彼女の尻をつかみ、腰を思い切り押しつけると、発射……すぐに、それまでの透明だった滴りが、白く濁ったものに変わっていきました。

●大人のオモチャに魅せられた奥様は、今日もバイブを股間に快感旅行へと旅立ちます

今日も絶頂トラベルへ……奥様の妄想バイブレーター

【投稿者】遠藤美津子（仮名）／58歳／専業主婦

「どうして、そんな妙な格好で寝るの？」

結婚したての頃、夫に、よくそう言われたのを覚えています。そして、そのたびに「どうしてかなあ。自分でもよくわからないの」と答えたことも。

妙な格好。それは、下半身は正座するように折り曲げられて、上半身だけ前に伸びているのです。ストレッチでもしているかのような、といえばお分かりいただけるでしょうか……。確かに、妙ですよね。

でも、自分では、理由がわかってます。恥ずかしいから、夫に言わないだけ……。

カカトが、アソコに当たって、なんとも気持ちがいいからです。

一日が終わり、布団に入って、このスタイルになる。じんわり、じわーっと、快感が伝わってきて。別に、動いたりとか、するわけじゃないんです。アソコに、神経を集中するだけで、何とも言えない気持ちよさが湧き上がってくる感じ。女に生まれてよ

かったな、と思える瞬間なのです。そして、そんな微妙な快感を味わっているうちに、自然に眠りに落ちていく……。

子供の頃から、これは、誰にも言えない、私のクセでした。こんな下地があったからなのでしょう。三十路に入って、私は、自分で自分を慰める行為に……最近では「ひとりエッチ」なんて言葉があるそうですが、そう、あの……オナニーに、夢中になってしまったのです。暇さえあれば、という感じ。

セックスは気持ちいいし、男の人に抱かれるのも好きです。時には、乱暴に扱われるのも、悪くない。

だけど、一番の仲のいい友達は、私の指なんです……。望むときに、望む快感を、好きなだけ与えてくれる。こんなの、自分自身じゃなきゃ、ありえないことです。

……私は、自分のアソコに触れるのが好きです。指についた、アソコの匂いを嗅ぐのが好きです。湿った指を軽く咥えて、味わうのが好きで。

お気に入りの時間帯は、やっぱり午後。主婦にとっての至福の時間帯。一人の昼食を終えて、特に出かけるところもなければ、ソファでテレビを眺め、リラックスするうちに、指は、自然に、股間に伸びていきます。

最初はショーツの脇から指を伸ばして、クリトリスへ。ああ、どうして自分で自分に触れるのって、こんなに気持ちがいいのでしょう。そこで眠くなってくれば、そのまま昼寝しますが、大抵は、それでは我慢できなくて……。行為に夢中になってくると、テレビのスイッチを切ります。昔は、リモコンがなかったので、つけっぱなしにして続けたりもしましたが、つい来客などに気づかず、大変なことになったこともありました。便利な世の中になったものです。

オモチャも使います。

昔から、バイブレーターに興味はありました。そういうものがある、ということは知っていたのですが、恥ずかしくて、自分で買うなどということは、とてもできなかったのです。今のように、インターネットや通信販売が普及しているわけでもありませんん。盛り場の片隅にある、いかがわしいお店に出かけて、手に入れるしかありませんでした。

ところが、ある日……。

あれは、今から20年近く前。主人と出かけた、旅先のホテルで……。

当時は、私達も結婚してから日が浅く、それなりに(お恥ずかしい限りですが)燃えていた時期でしたから、変わった環境に身を置くと、何となく燃え上がって、とりあえずセックス。その夜は、主人の突き上げもいつになく激しく、私はベッドの上でのけぞり、最後には床に頭が突くほど、ずり落ちてしまっていました。

「ハア、ハア……」

「うう……美津子、感じてる？」

「ええ、とっても……あなたは……」

「最高だよ……」

何もかも忘れて、手を伸ばすと、ベッドの下に、何か硬いものが落ちているのに触れました。

（これって、もしかして……）

私は、直感的に、それが長年、夢に見ていたあの物体だと思ったのです。

（彼に気づかれないようにしなくちゃ……）

指を伸ばして、さらに奥へと転がすようにして、そのまま行為を続けました。

「ああ、美津子……イクよ……」

「来て、たくさん、ちょうだい……」

主人が私の中で果て、お腹の中に温かい感触が広がっていきます。主人は私をきつく抱き締め、しばらくしてスルリと抜けると、そのまま寝息を立て始めました。

さっき主人と共に上り詰めて、私も本当ならリラックスしている時間のはずなのに、胸のドキドキは少しも収まりません。

長年、夢にまで見たあの物体が、すぐ、そこにある……。そう思うだけで、体がカンカンと火照ってくるのです。そこに、どんな未知の感覚があるのだろう。どんな凄い刺激を、私に与えてくれるのだろう。夢は膨らむばかりです。

永遠にも近いような時間が過ぎて、私は体を動かしました。念のため、主人の方を見ると、心地よい寝息を立てています。研ぎ澄まされた感覚の中に、さっきの交合の余韻が……おそらくは、私達二人の体液の混ざり合った匂いなのでしょう……漂ってきます。

もしかして、夢だったのでは。

手を伸ばしても、そこには何もないのでは……と、不安にかられつつ、指を伸ばすと、それは、引き続き、そこにありました。薄ぐらい明かりの中で確認すると、その黒々として大きな物体は、やはりバイブレーターでした。以前、この部屋に泊まった女性が、ベッドの下に落としたまま、忘れていったものなのでしょうか。さっきまで私の中で暴れていた主人のモノを、一回り大きくして、そしてさらに反り返らせたような形。黒々として見えた色は、実は、おぞましいばかりのショッキングピンク。

試しにスイッチを入れると……驚いたことに、ブゥーと小さな音を立てて動き始めるではありませんか。静かな部屋の中では、けっこうな大きさに聞こえます。私はあわててスイッチを切り、その場にたたずみました。

(使ってみたい……)

どこの誰が使ったかもわからない道具。妙な病気を持った人が使ったものかもしれません。本当なら、せめてアルコールで消毒などしたいところです。

でも、その夜の私は……そう、おかしくなっていました。恋い焦がれていた道具が、図らずも手に入ったのです。これで、興奮せずにいられるでしょうか。

とりあえず、部屋のトイレを考えました。でも、さっき動かしてみた時の音は、大きかった。もし、主人に気づかれたら、どうすればいいかわかりません。

(フロアのどこかに、トイレがあった……)

夜も更けてきています。他の人が、部屋以外のトイレにやってくる心配はないでしょう。私は、全裸の体に、部屋に備え付けのバスローブだけを羽織ると、様子をうかがいながら廊下に出ました。どこかから、小さくテレビの音が洩れてきます。ドキドキしながら、フロアの片隅にある、個室が二つだけの小さなトイレへと辿り着き、ガチャリ、とドアをロックしました。

便座に深く腰掛け、呼吸を整えて、スイッチを入れます。そして、ブルブルと震える先端を、クリトリスに……。

(な、何、これ……)

気持ちが良すぎるんです。バイブレーターの細かな刺激は、想像を絶するものでした。ほんの少し触れただけで、眩暈がするような快感が私を包み込みます。

「ハア……」

思わず口からは吐息が洩れました。声を出すつもりなんか、少しもないのに、自然と喘いでしまうのです。それほど凄い刺激。

利き腕の右手でバイブレーターの根元を握って、今度は中へ。先ほどの交合からさほど時間は経っておらず、中はまだ程よく湿っています。スルスルと、私のソコは初めての機械を飲み込んでいきました。

（たまんないわ……）

うねる機械。刺激をセーブしたい時は、自分で調整できる。もうイッちゃってるのに、ピストンしてくる、的外れなセックスのかけらもない、ワガママ放題できる快感。これこそ、私が生まれてから今までずっと、待ち望んでいたもの。そんな実感がありました。

左手は、ごく自然に、はだけたバスローブからこぼれた乳房を揉みしだいています。ムクムクと起き上がった乳首は、いとおしいほどでした。

右手に握ったバイブを、さらに奥へと押し込もうとした瞬間……！

ギギギ……と音がして、トイレの入口が開きました。まさか、こんな夜更けに、部屋以外のトイレに来る女性が、私以外にもいるなんて……。驚かされました。

私は、慌てて、バイブレーターのスイッチをOFFにして、様子をうかがいます。コツ、コツという足音が中に入ってきて、隣の個室に入り、「ふう……」という艶っぽい溜め息と、ライターの音がカチリと聞こえ、煙草の香りが漂ってきました。同室の人が、煙草嫌いなのでしょう。のんびり、一服を楽しんでいるようです。

でも、私は、気が気ではありません。ここで、バイブレーターを使って、オナニーに耽っているのを、気取られてしまうのでは？　私がどんな淫乱な女だったかを、部屋に戻って同室の人に告げ口する？　果てしなく広がる妄想が、私をもっと淫らにしていきます。

アソコは疼き、さらなる刺激を求めて体は悶えるばかり。早くいなくならないかしら。隣に向かって、必死にテレパシーを送っても、見知らぬ女性は鼻歌まじりに、煙草を楽しんでいます。

隣室の女性は、溜め息をついて、ようやく立ち上がり、ドアを開けて外へ。そして、来たときと逆方向にコツ、コツという音が戻っていき、どこかの部屋のドアが開いて……閉じる音。

私は、もう待てない……という極限まで待って、もう一度スイッチを入れました。

（あ……凄い……）

待たされた分、体の感じ方がスゴいんです。男性とのセックスとはまた別な、一気に上り詰めていく感じ。くちゅ、くちゅという湿った音と、ブーン……と機械のうねる音が一緒になって、何が何だかわからなくなってしまうほど。

ぴちゃ……と、微かな水音。

私の股間から、液体が滴って、便器の中に落ちたようです。さっきの主人の精液の残りなのか、私のいやらしい体液なのか、それともそんないろいろな液体が混じったものか。

（もうイヤ、ダメ……）

グイ、とさらにバイブレーターを奥に押し込むと、目の前で花火が弾けたような感覚があって、全身から力が抜けてしまいました。イク、イク……なんてベッドで絶叫しても、これほどの凄いイキ方は経験したことがなかったのです。バイブレーターを、床に落とさないようにするので精一杯。気がつくと、バスローブもほとんど脱げて、私は全裸で全身にうっすら汗が滲み出ていて。自分があまりにも恥ずかしい格好をしているのを見て、また感じてしまったほどでした……。

あれから、およそ20年の月日を経て……。私の乳房は張りを失い、下腹部にはたるみが出来ましたが、自分で自分を慰めるクセだけはやめられません。というか、当時よりも、その行為はさらにエスカレートしてきているような気がします。

だって、女性って、年を経れば経るほど、図々しくなっていくものですから。もちろん「恥ずかしい」という感覚は、あるには、あります。それがなければ、セックスの快感なんて、何もないに等しいでしょう？

でも、大胆さと、細心さのバランスを取ることは、どんどん上手になっていきます。

私が好きなのは、列車の座席でのオナニーです。使うのは、「とびっ子」。リモコンで使えるバイブレーターです。インターネットが普及してから、私のオナニーのバリエーションは、信じられないほど増えました（それに反比例するように、夫との交わりは減っているように思います……）。

列車は、いつもゴトゴト……と揺れていますから、音などほとんど気になりません。私は、普通に服を着て、座席に座っているだけですから、誰が見てもそんな淫らな行為に耽っているとはわからないはず。

適度に混んでいる自由席が、私のお気に入りの場所。通路を挟んで、反対側に、イケメンが座っていればベストです。男の股間の膨らみなど、軽く意識しながら、深く腰掛けてリモコンのスイッチをＯＮ。

ブーン……と、私の耳だけに聞こえる微かな音と共に、ショーツの中に押し込まれた小さな物体が、動き始めます。

（はァ……）

何も言わないようにしていても、自然に吐息が洩れてしまうのは、よくあること。そんな反応に、反対側の男が気づき、こちらを見てくれたりすれば、もう、たまりません。彼に犯されているような妄想を思い浮かべながら、ほんの少し腰を動かし、小さなバイブレーターの角度を変えます。

（ふう……）

感じている様子を気づかれないようにしながら、目を半開きにして、こみ上げてくる快感を味わいます。アソコは、もう、ヌレヌレ。おそらく、私が立った後には、うっすらと湿ったシミが残ることでしょう。私も、後で着替えなければなりませんが、ジーンズを穿いているので目立たないはず。にちゃ、にちゃと膣の中から音が聞こえてくるように思えるほど。

（もう、ダメ……）

ガマンしきれなくなると、私は何食わぬ顔で席を立ち、トイレの個室に。最後にチラリと向こう側の席の男を見て、顔や体つきを目に焼き付けます。

（今、私を誘ってくれたら、どうにでも好きにさせてあげるのに……）

もちろん、自分から男を誘う度胸などありはしません。あくまでも妄想なのですが、そんな風に思うことで、快感は何倍にも増していくのです。

トイレに入ったら、ジーンズとショーツをヒザまで下げて、「とびっ子」を取り出すと、今度はバッグから、さらに大きなバイブレーターを取り出して楽しむのです。

さっきの男は、どれぐらいのチ○ポをしているのかしら、と想像を逞しくしながら。

「やめて、こんな所で……。人を呼ぶわよ」

自分だけに聞こえるような、小さな声での囁き。でも、妄想に火をつけるには、それでも十分すぎるほど。

まるで男にグイグイと揉まれるように乳房をつかみ、そして荒々しくバイブを出し入れすると、まるで犯されているような感じが味わえます。列車のトイレは狭いので、身動きがあまり自由にならないのも、快感をより一層、強いものにしてくれます。洗面台の出っ張りにバイブをひっかけて、腰を浮かせてそこにハメていくと、まるで後ろから犯されていくような感覚も……。

「あ……ダメよ……」

そんなことしちゃ。私を誰だと思っているの？　声にならない声を漏らしながら、腰を動かしていくと、快感はどんどん強くなっていくばかり。

近くに誰かやって来ると、さらに快感が強くなるのは、あの日に身をもって覚えたことです。廊下をへだてた向かい側の、男性用トイレに人が入ると、もうたまりません。今、ファスナーを下げている……大きなチ○ポを取り出して、便器に向けて放尿している……黒いのかしら、赤っぽいのかしら。それともローズピンク？

ねえ、今は柔らかいでしょう（そうじゃないとオシッコできないものね）、でも私がほんの少し、触れてあげれば、それですぐに大きくなるのよ……。

淫らなセリフを思い浮かべるだけで、男の乱暴な求愛シーンが浮かび上がってきて、私のアソコはますます、グチョグチョに。

ああ、イッちゃう、イッちゃう……。私は個室で一人、体をくねらせながら、バイブを入れたり、出したり。時間はたっぷりあるので、一気に盛り上がらなくても大丈夫。目的地までの時間を計算しながら、絶頂をコントロールできるのも、「ひとりエッチ」ならではの楽しみなのです（もっとも、いつも途中で我慢しきれなくなり、何度も何度もイキまくってしまうのですが……）。

ああ、凄いのね、あなたって。でも、もう、いいのよ、イッても……。

私は、自分で自分のセリフに酔いながら、バイブを持つ手の動きをヒートアップさせ、フィニッシュへと向かいます。

「イク……」

そう、声に出すことで、快感は、ますます強くなります。目を閉じて、ぐっと奥へ。

（ふう……）

しばらくそのままの姿勢で、余韻を楽しんだ後、ショーツとジーンズを新しい物に取り替え、何食わぬ顔で元の席へと戻ります。

そして、ビールを飲みながら、また、新たな妄想に耽るのです……。通路を挟んだ席の男の、精液はどんな味がするだろう。どのくらいの量が出るのだろう……。

●その扉を開いてくれたのは義父。次はMの本能が私の脚を開かせる……

義父の導きで眠っていたドロドロの本能が目覚めた私

【投稿者】佐伯美夏（仮名）／31歳／専業主婦

私が初めて義父・信一に出逢ったのは、今から3年ほど前のこと。結婚の挨拶をするために、夫となる修一に連れられて、その実家を訪れたときでした。

地方都市の閑静な住宅街にあるその古びた一軒家は、おそらく名のある大工が手がけたのであろう見事なつくりで、それまで鉄筋コンクリートのマンション住まいしか経験したことのなかった私には、どこか恐ろしげに思えたことを覚えています。

実を言えば、その時もまだ私は、結婚を半ば決意してはいたものの、「本当にこの男と一緒になっていいのだろうか……」と迷いを捨てきれないでいたのです。

それが、その古い家の玄関に入り、「やあ……いらっしゃい」と出迎えてくれた義父の目を見たとたん、「ああ……私はこの家の嫁になるんだ」という、何とも言えない安心感を覚えたものでした。

信一と修一の親子は、見かけはよく似ています。二人とも身長は同じ、175センチほどありますし、顔も彫りの深い、日本人にしては珍しいタイプ。

世間でも「よく似た親子」と言われているようですが、私には二人には決定的な差があるように思えました。それは「目」です。

修一は……もちろん、性格的には申し分のない男性ですが、目がどこか浅薄な印象を与えるのです。ところが、父親の信一の目は……いかにも懐が深く、信頼できる印象。こちらがうっかりしていると、吸い込まれてしまうのではないか、そんな錯覚すら覚えさせてしまう目なのです。この人の息子なら、大丈夫だ……と私に思わせるほど、その目は私をリラックスさせてくれたのでした。

私にとって義母に当たる女性……つまり信一の妻、修一の母……は、その5年ほど前に病気のため他界しており、この家は信一が一人で暮らしていました。

そのため、一人息子である修一は父のことをふだんから気にかけていました。私たち夫婦は、結婚後しばらくは東京での生活が続きましたが、2年目に生まれ故郷の近くでの転勤話が持ち上がったところ、それに飛びつくような形で、この地方都市の夫の実家で義父と同居するようになったのです。

修一は最初、転勤の件をなかなか私に切り出せないでいました。東京は私が生まれ育った場所で、私にとっては両親も、友人もすべて近くにいる安心できる街。ところが、その地方都市は、東京から2時間ほどはかかりますし、私には友人も縁者もいない未知の土地、おまけにやもめの義父と同居しなければならないのですから……。

ですから、「今度、こういう話が持ち上がってるんだけど……」と、転勤の話をした時に、私があっさりと「いいじゃない、そうしましょうよ……」と答えたときは、本当に喜んでいました。

親類縁者、友人もまったくいない未知の土地……確かに、客観的に見れば私のような東京育ちの女性にとっては暮らしにくいように思えるでしょう。でも、私には父の目があれば、大丈夫……そんな風に思えました。私は言わば、あの「目」に引き寄せられたようなものなのです。それもまた、一つの運命でした。

朝夕、食事の場で接する義父の目は、私を優しくリラックスさせてくれ、この見知らぬ街での暮らしを楽なものにさせてくれました。が、逆に、頭の痛い問題も出てきました。それは、夫・修一との関係です。

べつに、愛情が冷めた……とか、そういうことではないのですが、なんとなく夜がギクシャクし始めてしまったのです。

これまで、私達夫婦の関係は、結婚してからまだ日も浅いということもあり、二日に一回、あるいは三日に二回……といった具合でした。私は夫に求められればその都度体を開いて、愛される喜びを噛みしめていました。

ところが、こちらに引っ越してきて……最初のうちは、荷物が片付かなかったり、なんとなく落ち着かなかったりして、自然と遠ざかっていたのですが、荷物が片付いて、ようやくのびのびと……できるようになっても、私、なんだか気分が乗らなくなってしまって……。

夫が荒々しく私のパジャマをはぎ取り、その奥のいつもならしっとり濡れた部分に手を伸ばしても、こちらに来てからはいつも渇いているような感じ。

「どうしちゃったんだ……全然濡れなくなっちゃったじゃないか……」

夫は焦りを見せるかのように、必死に私のアソコを指で刺激したり、唇や舌をねじこんでくるのですが、それでも挿入ができるまでになるのは、三回に一回程度。

「同じ家の中に、親父がいるのが気になってるんじゃないのか？」

「ううん、それは大丈夫だと思うけど……」

「じゃ、何？」

「……わからない……」

「俺のこと、飽きちゃったのかな」

「そんなことはないわ……」

お互い、ヒリヒリするような熱気をもった部分を押しつけ合って、欲望のおもむくままに体を重ね合わせていたのがウソのように、私達は静かな夜を過ごすようになってしまったのです……。

そんなある日、夫は出張に出かけていきました。義父・信一と二人だけで過ごす初めての夜、私は、あの深い目で見つめられるたびに、なんとなく胸がドキドキして……。

義父は、いつも夕食の時に日本酒をゆっくり飲むのが習慣になっています。いつもなら夫が相手をするのですが、今日は「たまには付き合いなさい」と言われ、義父の正面に座って、あまり強くないお酒をチビチビやっていたのも、もしかしたら間違いのもとだったたかもしれません。

「どうかね、修一は……ああいう凡庸な男、あなたには、物足りないだろう？」

「はい？」

「親の私が言うのも何だが、あいつは、真面目なだけが取り柄のような、つまらん男に育ってしまった。毎日が楽しいかね？」

そう言って義父は、私の目をじーっと覗き込むのです。私は、なんだかめまいがするような感覚を覚えていました。そして、体の奥がジンジン、疼いていることにも気がついていたのです。

「あんたはモノのわかった女だ。あんなつまらない男の相手をして一生を過ごすのはもったいないよ。離婚したっていいんだ。私はあんたを責めはしない」

義父の目は、何もかも見抜いているかのようでした。私は、ちゃんと服を着ているのにまるで全裸でいるかのような恥ずかしさと、そして興奮を覚えて……。

「お義父さん、私……どうかしちゃったみたいです。ごめんなさい、先に休ませていただきます……」

そう言って、その場から逃げ出そうとする私の腕を、義父はしっかりとつかまえました。私はもはや、逃げ出そうという気持ちはありませんでした。心の中のどこかに、そうやって、義父につかまえてほしい……そんな気持ちが確かにあったのだと思います。

「お義父さん……いけないわ」

「いけないことは何もない。私には最初からわかっていたよ。あんたが『こっち側』の人間だってことは」

「『こっち側』？」

「すぐにわかるよ。こっちへ来なさい。まだ夜は長い」

そう言うと義父は、私をしっかりと抱き締め、私の口の中に舌を差し入れてきました。煙草の匂い、大人の匂い。真面目人間の夫からは絶対漂ってこない、不潔だけど、人間的な匂い。私はその感触の中で安らぎ、そしてぐしょぐしょに濡れ始めていました。

私は義父に導かれるまま、初めてその寝室に足を踏み入れました。六畳の畳の部屋には、真ん中に布団が敷かれていて、後は文机の上に水差しが置いてあるだけ。

「もう何も隠すことはないよ。服を脱ぎなさい。下着でくつろいで……」

ドキドキする胸の高なりを覚えながら、私は服を脱ぎ、ショーツとブラジャー、そしてスリップという姿で、義父の床に正座しました。これから一体、どんなことが起きるのだろう。『こちら側』って、いったい、どんな所なのだろう……？

「大きな胸だね。修一の亡くなった母親も、そうだった。親子で好みが似るのかな……」

そう言いながら義父は、押入れから細長い、鉢巻きのような黒い布を取り出しました。そして私の後に回ると、その布で私に目隠しをしたのです。私は視力を奪われ、一体何が起きるのか、まったくわからなくなってしまったのです。

次に義父は、私の手を後ろ側で軽く縛り、私の手の自由を奪ってから、私の股間の一番敏感な場所に手を伸ばしてきました。何も見えない状況で、いやらしいことをされると、こんなにも感じるなんて……。いったい、これまでの私の人生って、何だったんだろう。今までしてきたセックスなんて、子供の遊びみたいなものだったんだ……。目隠しされて、ほんの少し触られただけで、私は自分の中に長く、長く眠っていた官能に、一瞬にして気づいてしまいました。そして、義父の言った『こちら側』の意味も……。

私の目から、涙が流れて落ちました。目隠しが湿ったのに義父が気づいたようで、

「どうした？　大丈夫か？」

「お義父さん、私……私って、こんな人間だったんですね」

「悲しいのかい？」

「いいえ……本当の私に気づかせていただいてうれしいんです。でも……」

「でも？」

「私、もう……後戻りできない。それが、悲しくて……」

義父は何も言わず、私の股間を刺激する指の動きを一段と激しくしました。

「あ……そんな……」

体が全部、そこから溶けて流れ出してしまうのでは……そう思うほど、私は後から後から、濡れて、濡れて……。

それから私は、手の縄をほどかれたものの、目隠しはされたまま、身に付けていたすべての下着を脱がされ、全裸になって、四つんばいにされたのです。

「いやらしいマ○コだ。ビラビラも大きくてはみ出してるし、陰毛もジャングルみたいに生えていて……」

「イヤ、お願い、カンベンして……」

「ここにぶち込んで欲しいんだろう？　この老人の……」

「そう、お願い、早く、入れて」

「何をだ？　何を入れて欲しい？」

「ああ……イヤ……そんなの言えない」

「言わないと入れないぞ……さあ、何を入れて欲しいんだ?」

「ああ……お義父さんの……チ○ポ……入れてください……お願い……」

まるで熱せられた鉄のような肉の棒が、私を後から貫きました。最初から奥へ、奥へと激しく突き抜けてくるような激しい動きに、私はすぐに達してしまって……。後で聞いたら義父も、久しぶりだったので、ゆっくり責めようとしても体が言うことを聞かなかったのだそうです。

「イッちゃう……」

私がもう四つんばいで体を支えきれなくなり、うつ伏せに倒れ込むのと、義父が私の中で果てるのとはほとんど同時でした。だらしなく開いた私の入り口から、生温かい精液がドロドロと滴り落ちていくのがわかり、そして私は深い眠りに落ちていったのです。

●時代の先端をいく女性プランナーが白目を剥きながら俺のムスコでイクッ！

ハイソな熟女が娘婿だけに魅せる肉欲ソーププレイ！

【投稿者】大西駿（仮名）／28歳／工学エンジニア

何気なく入った昼下がりのラーメン屋で、ワイドショーをやっていた。ふと気づくと、どこかで聴いた声が流れています。

（朋美さんじゃないか……）

ラーメンを啜りながらブラウン管を覗き込みました。そこに写っているのは、紛れもなく私の義母である朋美さんの姿でした。

朋美さんは「時代の先端を行くウエディング・プランナー」として、女性雑誌などではおなじみの女性。斬新な演出が彼女の持ち味で、その世界ではカリスマ的存在、と呼ばれているそうです。

現場ではテキパキと指図し、居並ぶスタッフを見事に指揮。仕事ぶりがカッコいいから……と、弟子入り志願の女性たちも後を絶たないとか。たいしたものです。

そんなカリスマの娘である私の妻は、結婚しても実家から出ようとせず、母親の名声と富を満喫しています。一応、私という夫がいるものの、遊び放題。

まあ、私にしても、世田谷の真ん中にある豪邸で、何不自由のない生活が保証されているわけですから（一介のエンジニアである私の給料では、とてもこんな場所で生活することなど不可能です）、妻が家にいなかろうと、義母の満たされない欲求の犠牲になろうと、まったく文句はありません。

満たされない欲求の犠牲……。そう、私はこの豪邸の中で、妻とセックスすることはほとんどなく、それより義母である朋美さんと交わる回数の方が遥かに多いのです。ただ「犠牲」と言うのは、ちょっと実態とは違うかもしれません。というのは、朋美さんとの性交渉でいえば、イニシアチブを取っているのは、私の方なのですから……。

キャリアウーマンを目指す女性が憧れる、いわば「女の中の女」である朋美さん。さぞや、その姿に似合う、スタイリッシュなセックスをしているのだろう、と、皆さんは想像されるかもしれません。

とんでもない！

彼女は、毎晩のように、泣いて私を求め、私の脚にすがりついては、私の逞しく若いペニスを求めてやまないのです。

富も名声も手に入れた、一級品のキャリアウーマンが、若い男の体目当てに、情けなく土下座する姿。もし、彼女の信奉者がそんな姿を目にしたら、それこそ百年の恋も覚めてしまう……ほど、がっかりしてしまうに違いないでしょう。

昨夜も……。

私が仕事を終えて帰宅し、風呂に入ろうとすると、朋美さんがモジモジしているのです。熟女の色気を全身からムンムンと漂わせて、それは恐ろしいほど。

「あの……駿さん」

「ああ、お義母さん。何ですか？」

「あの……お風呂、私もご一緒させていただいてよろしいかしら」

「お一人で、お入りになった方が、のんびりできるんじゃないですか？」

「そ、そんな……お願いよ」

「そういう態度は、よくないんじゃないですか？」

「ご、ご免なさい、駿さん……でも」

「でも、何ですか？」

「ううん、いいの……でもね、わかってるでしょう、私、貴男のためなら、何でもできるのよ」

「ええ、それは十分承知しています。いいですよ、そんなに一緒に入りたいのなら、どうぞ」

「ありがとう！」

目をランランと輝かす四十女、見方によってはかなり不気味なものです。しかし、朋美さんほど、自分にもお金をかけているハイクラスな女性となると、かえって凄絶な色気が漂ったりするものでもあります。

脱衣場で嬉しそうに服を脱ぎ始める朋美さん。さりげないサマーセーターにスラックスですが、もちろんイタリアのブランド物。その下に隠されていたランジェリーも、おそらくはオーダーメイドの高級品。ボリュームたっぷりの胸を覆うブラジャーも、剛毛に覆われたアノ部分を覆うショーツも、バタフライの刺繍が入って、ただでさえセクシーなボディラインを何倍にもエロティックに見せてくれます。

嬉しそうに服を脱いでいく朋美さんを、私はニヤニヤしながら眺めていましたが、彼女はふと不安を覚えたようです。

「駿さんは……脱がないの？」

「脱ぎますよ、でも、朋美さんがあんまり嬉しそうに脱ぐからつい見とれちゃって」

「嫌だわ、私、はしたないわね」

「でも、そんな、はしたない自分がお好きなんでしょう……」

朋美さんは恥じらいながら、下着を取り去り、見事なボディラインを露にしました。知らない人が見たら、おそらくやっと30になったか、ならないか……といった辺りを想像されるでしょう。でも、彼女は、既に40の坂を越えているのです。

手入れのお陰なのでしょう、胸は上を向いているし、腰はくびれていますが、下腹のあたりが、ほんの少し、タプタプしている。熟女好きには、たまらないポイントかもしれません。

「あの……お脱がせしましょうか」

「そうですね、そうしてもらいましょうか」

私は脱衣場に仁王立ちになりました。朋美さんは、私のシャツのボタンを外し、ズボンを脱がせ、そしてトランクスをずり下げようとします。さっきから、彼女の裸を見ていたおかげで、私のその部分はさすがに勃起しており、脱がせるのも一苦労だったようです。

「ああ、こんなに大きくなって……触ってもいいですか？」

「どうしようかなあ……」

「お願いです……ほんの少しでいいので」

「とりあえず中に入りましょうか」

私たちは、ゴージャスなバスルームの中に入りました。大きなガラス張りの向こう側には、庭のよく手入れされた木々が見えます。バスタブは檜で出来ており、とても快適。私は、このブルジョアな浴室に似つかわしくない「くぐり椅子」に座り、朋美さんにサービスをさせて楽しみます。

この椅子は、以前、私がソーププランド遊びの真似事をしたくなった時、朋美さんに命じて買わせたもの。通販で取り寄せたのですが、届け先を彼女のこじゃれたオフィスに指定しておいたため、最初に封を開けた時、彼女は本当に顔を真っ赤にしたようです。

いくつもの雑誌に連載を持って、ブライダル界のカリスマと呼ばれ、そして時にはテレビにまで出て偉そうなこと言ってるオバチャンですが、私の前では、慣れないB級のソープ嬢に成り下がっています。

朋美さんは、私の尻の下に入り込んで、私の肛門やペニスをピチャピチャと舐めたり、ゴシゴシ洗ったり。さすがに熟女だけあってテクニックはたいしたものです。時にはちょっと射精しちゃったりもしますが、あまり喜ばせてもロクなことはありませんので、私はいつも難しい顔をしています。

でも、この日は……。

朋美さんはいつにも増して激しかった。何か、仕事で嫌なことでもあったのでしょうか。一通り、体を洗い終えて、私がバスタブにつかると、彼女もいつものように入ってきて、私の脚の間からにょっきりと勃っているペニスをチュパチュパ、いわゆる「潜望鏡」プレイに突入。

水中でもあり、そんな激しいプレイはしないのが通常のパターンなのですが、なんだかいつもより全然激しい。私の腰をグイ、と持ち上げると、いきなり袋をチュパチュパ、ベロベロと舐めまくってきたのです。

「あ……朋美さん……」

この急所責めは、本当に、サオとは違う凄まじい快感。そこから裏筋を舐め上げ、先端をぱっくりと吸い、また舌先で裏筋を伝って下に降り、もう一度袋をチュパチュパ……。それから右手でゴシゴシと擦られ、さらに唾を垂らされて刺激されていると、いつにもなく凄まじく感じてしまって。

「朋美さん……そんなに激しくしたら……あ！」

私は自分でもコントロールがきかなくなって、思わず達してしまいました。朋美さんは、あ……と小さく呻きましたが、顔に精液がぴしゃぴしゃとかかるのにも、まったく気にせず、そのまま私のサオをしゃぶり続けて、最後まで舐めてキレイにしました。子供の頃にオネショをしたような、そんないけない快感が私を満たしていきます。

「本当にスケベだなあ、朋美さん……」

「ご免なさい、でも、私、ああ……こうせずにはいられないの」


私は、ベッドに入っても、彼女をいたぶり続けました。私は特にサディスティックな趣味を持っているわけでもありませんが、しかし、彼女を相手にしていると、そうすることが一番、気持ちがいいように思えてくるのです。人間の心というのは……そして体というのは、とても不思議なものですね。

私はその日、朋美さんを、いわゆる「まんぐり返し」の状態にして、剥き出しになったマ○コを徹底的に弄びました。それというのも……。

　私が朋美さんのベッドに上がろうとすると、その下に転がっていたものにつまづいたのです。

「ん？」

　一体何だろう、と、拾い上げてみると、それはバイブレーターでした。

「朋美さん、何ですか、これは？」

「嫌だ！　そ、それは……」

「僕がいない間、こんなオモチャで自分で遊んでいるんですか？　それはちょっと、許しがたいなあ……」

「す、すみません……」

「どんな風に使うの？　ちょっと目の前でやって見せてよ」

　朋美さんは、恥じらいながら、股を大きく拡げ、年の割りにはまだまだピンクがかっているアソコを見せながら、思いきりヒワイなデザインのバイブを右手に持ち、股間へと近づけていきました。

「ああ……」

左手で豊かな乳房を揉みしだき、そして右手に持ったバイブは膣の奥へ……。上につけられたもう一つの小さな突起が、クリトリスを刺激しています。

「ああ、ああ……」

四十女のオナニーが、これほど淫猥で凄まじいものだとは……。想像はしていたものの、実際に現場を目にすると、男なら誰もが興奮してしまうことは間違いありません。醜悪とか、そういったレベルを越えて、まがい物ではないエロがそこにはあるのです。

私もまた、それをただ漠然と見物していることができず、彼女に近づいていきました。そして、普段からヨガをやっているせいで、どこまでも柔らかいその体をくねらせ、アソコを露出させると、そこに至近距離からバイブを埋め込み、思いきり奥まで、グイグイとねじ込んでみたのです。

「あ、あ、あ……!」

凄まじい快感が彼女の中を走り抜けていくようで、そのヨガリ声の大きさ、そして激しさといったら、これまで私が彼女とまぐわってきた中でも、まったく聞いたことがないほどのレベルなのです。

白目を剥いて、息を荒くする朋美さん。失神しそうになった彼女から、少しずつバイブを引き抜いていくと、その中から白く濁った液体が、後から後から流れ出してきました。たまらなく嫌らしい匂いがします。

「お願いです、入れて……駿さんのモノを、入れて……こんな機械じゃ嫌なんです、本当に、生きた男のモノが欲しいの……」

哀願する彼女でしたが、もう私も興奮の極に達しています。有無を言わさずねじ伏せると、グググ……と、正面からインサートしていきました。ところが、あまりに濡れすぎているために、滑ってしまい、なかなか真っ直ぐに入っていかないのです。

「ああ、違うわ……もっと下よ……」

ようやくのことで、うまく奥まで挿入すると、後は我を忘れて腰をグイグイ、前後左右に振りまくりました。

「ああ、ああ……!」

ぴちゃ、ぴちゃ、ぴちゃ、……という嫌らしい音が響いて、私はもう何も考えられず、ひたすらピストン。いつもなら、このあたりで……とか、こうしてやろう……とか、そろそろ体位を変えて……とか、いろいろな思いが頭に浮かぶのですが、この日はそれこそケダモノにでもなったかのような感じで、ただ快感に身を委ねるだけ。

「ひいっ！　ひいっ！」

朋美さんの方も、もうヨガリ声というよりは、喉から空気が洩れてくるだけ、という感じで、それでも私の背中に立てられた爪はグイグイと凄まじい勢いで食い込んできます。今はセックスに夢中なので何とも思いませんが、おそらく後で見たら、紫色に腫れ上がっていることでしょう。

「あ、あ、あ……」

そのうち彼女の呼吸のスピードが一段と早くなってくると、私も、もう限界が近づいてきて。

「イク！」

いつもは、彼女の外に出す余裕があるのですが、もうお構いなしに、思いきり膣の中にぶちまけてしまったのです。私の下で彼女は、まるで脳味噌がすべて溶けて流れ出てしまったかのような、そんな表情を浮かべて恍惚となっていました。

第二章 奔放に快感の高みを求め続ける女たち

●私にジャストフィットする肉棒との運命の出会いが、突然やってきました……

雷鳴と共に花弁にホールインワン！OL淫蕩コンペ記

【投稿者】村山紗織(仮名)／26歳／会社員

ゴルフはそんなに得意じゃないんです、本当のところ。そんなにスポーツ好きでもないし、歩くのも苦手だから。ただ、ゴルフウエアを着たり、実際にコースに出たりすると、なんとなくリッチな感じがして、いいじゃないですか……って、その程度なんです。

でも頭数が足りないから、どうしてもコンペに出てくれって、社長に頼まれて……。それに、パートナーには二枚目をつけるからって。

実際は半信半疑でした。そんなイイ男が来るのかなあって。

でも、ホントだったからびっくりしちゃいました。

「はじめまして、どうぞよろしく」

向こうから声をかけてきてくれたのですが、その日の私の同伴競技者は、取引先の会社のソフトウエア開発部の山本さん。営業の人ならだいたい知ってるんだけど、内勤の部署の人って全然知らないんですよ。こんなカッコイイ人がいたなんて……早く教えてよ、という感じ。背は180センチ近く、お腹なんか全然出てないスポーツマンタイプで、年は30ちょっと越えたぐらい？

「山本さん、カッコいいですね！　何かスポーツやってらっしゃるんですか」

「学生時代は水泳をやってたので、今もスポーツクラブに通って泳いでます。ゴルフの方は、始めたばっかりで、ご迷惑をおかけするかも……」

「そんな、私の方こそ、全然ダメなんですよ……二人で後ろの組に迷惑かけちゃうかもしれませんね？」

「それより天気の方が心配じゃないですか？」

確かに……。朝はすっきりと晴れていたのに、ゴルフ場に近づくあたりからどんどん黒雲が立ちこめてきていたのです。

それでも、とりあえず競技は始めましょうということになり、プレイヤーたちは次々にコースへと出ていきました。自分たちでカートを運転して、キャディさんはつかないという方式だったので、私にしてみればラッキー！　という感じでした。

でも天気は、やっぱり、崩れていきました。最初の3ホールぐらいは、それでも普通にプレイできたのですが、4ホール目ぐらいになると、ポツポツと雨が降ってきて。

そして、5ホール目に移動しようとすると、途端に大粒の雨がジャー……とスコールのように落ちてきたから、もうたまりません。私たちは慌てて、近くの大きな木の根元まで移動しました。幸いなことに、葉が厚く生い茂っているので、この木の下にいる限り、濡れたりすることはなさそうです。

「ここにいれば一安心ですね」

「ええ……」

そう言いながら、なんとなく山本さんが私の胸元をチラチラ見ているんです。どうしたのかな、と思ってそのあたりを見てみると、イヤだわ……さっきのスコールのお陰で、服が濡れてしまって、ブラジャーの形がくっきりと浮き出てしまっているんです。私は、ほんの少し恥ずかしいと思いつつ、でも山本さんなら見られてもいいかも……とも思いながら、雨宿りをしていました。

すると……ピカ！　と稲妻が光ったかと思うと、ゴロゴロゴロ！　と凄まじい勢いで雷の音が響き渡りました。私は、思わず、キャッ！　と叫んで、山本さんの身体に抱きついてしまったのです。

「大丈夫だよ、まだ遠かったから……」

こんな時でも冷静な山本さん。さすがはコンピューターを相手に毎日仕事しているだけのことはあるな、と感心しました。

私は、しばらく、そのまま、山本さんの厚い胸板に抱かれて、この上ない安心感を味わっていたのですが、そのうち、下腹部のあたりに、何か硬いモノが当たるのに気がつきました。

（え？　こ、これって……）

「や、山本さん……」

「ご、ごめん……僕も男だから、村山さんのカラダに反応しちゃって」

「いいのよ、いいんだけど……でもこうして抱きついててもいいですか」

「そ、それはもちろん……」

でも、硬いモノは、それからもどんどん大きく、硬くなっていくのです。私は、思いきって、そこに手を伸ばしました。

「む、村山さん？」

「ヘンな話だけど、私、これに触れると、なんか安心するの。触っててもいいですか」

「それは……構わないけど」

「ありがとう」

私は山本さんのスラックスのファスナーを下げて、中に手を伸ばしました。そこにあるのは、大きくて、硬くて……そして熱い、山本さんのチ○ポ。相変わらず雨は激しく降っていて、あたりは真っ暗に近い状態ですが、何だかここに触っていると、とても安心できる感じがします。本当に男の人って頼りになるなって、こういう時に思うのですが……。でも、それより、私の場合は……本当に恥ずかしい話なのですが……この熱く硬いモノに貫かれたくなってしまうのです。

私は、しばらくそれをグイ……と、強く握っていたのですが、もう我慢できなくなってしまって……。その場にひざまずくと、山本さんのモノを取り出し、チュウチュウと吸い始めたのです。

「うう……」

もし、嫌がられたらどうしよう。ちょっとだけ思ったけど、山本さんは木に寄りかかって、気持ちよさそうに目を閉じています。よかった……と思う私と、この人もしょせんは男なんだ……と思う私と。でも、何を考えても、今は目の前にある底なしの快楽の方が勝ってしまいます。私は先っぽを持って裏側を舐めたり、喉の奥まで飲み込むようにして吸い上げたりしながら、口の中でピクピクと動く彼の感触を楽しみました。

そして、しばらくすると、彼がイキたそうに身体をよじるので、そこで一端ストップして……。私は立ち上がって山本さんに抱きつき、彼の耳もとで囁いたんです。

「私も……触って……」

山本さんはその囁きに応えて、左手でグイと私を強く抱き締めると、右手を私の股間に伸ばしてきました。朝は暑かったけれど、今は雨のせいで寒いくらい、ゴルフウエアのミニスカートでは、脚はたまらない感じですが、男の人に触ってもらうにはやっぱり好都合な服ですね。私がほんの少し脚を開いただけで、彼は簡単に私が一番感じるところを探り当て、クリクリと責めてきました。

（嫌だわ、……とっても……上手……）

彼はショーツの脇から指を伸ばし、私の花びらに直接触れてきました。その瞬間、背骨に電流が走ったような感じがして。さらに奥へ、奥へと突っ込まれ、そして最初は一本だった指が二本、三本……と増えていくと、もうたまりません。

「ああ……」

どんどん雨が強くなっていくのに連れて、快感も大きくなっていきます。私の中では、30分も1時間も、そうやって愛撫されたような感覚なのですが、実際のところは5分か、せいぜい10分ぐらいだったかもしれません。ホントに、そんな短い時間で、あんなに感じてしまったなんて。物凄い雷と雨という異常な状況だったからなのでしょう。それでも、自分でも驚くほどの感じ方だったんです。だって、身体がこのままじゃ溶けて流れちゃうって、本気で思わされたんですから……。

「ああ、溶けちゃう、溶けちゃう、ダメ、待って……」

「何を待つの？　僕をこんなにさせたのは君なのに……」

「だって私、溶けて流れちゃったらどうすればいいの？」

「大丈夫、そんなことにはなりゃしないから……」

「ダメよ、溶けちゃうから、もうダメ……ねえ、溶けないようにして」

「どうやって？」

「だから……流れ出さないように……フタをして」

私は自分から下着を脱ぎ、木に手を突いて、お尻を突き出しました。

（来て、来て……早く）

そんな思いが通じたかのように、彼は、私のお尻をがっしりと掴んで、そして……。さっき私の口の中で、もう少しでハジケそうだったモノをググ……と突っ込んで来たのです。

（キモチいい……）

それまで私、外でHしたこと、なかったんです。付き合ってた彼氏に誘われたこともあったけど、なんとなく恥ずかしくて、どうしても踏みきれなかった。だからあの日、自分からHをせがんだのが、今となってみれば不思議で仕方ありません。ものすごい快感でした。そう、今まで生きてきた中で、あんなに感じたHは、なかったと思います。でも、だからといって、また外でしたいかといえば……微妙です。やはりあの時は、初めて出会った人と、物凄い嵐の中で結ばれたって、そういう特別な状況だったからなんでしょう。

だけど、あの時は、本当に、自分がおかしくなったと思いました。だって、それまで自分では考えたことすらなかった淫らな行為が次から次へとごく普通にできて、そしてそれまでは想像すらできなかった凄まじい快感が訪れて……。

ピカピカ、ゴロゴロ、ドカーン！

そして凄まじい雨の音。

本当は物凄い音だったのでしょう。でもそれすらも、私にとっては心地よいＢＧＭでしかありません。ただ私の耳に響いていたのは、パン、パン、パン……と、リズミカルに打ちつけてくる山本さんのお腹が、私のお尻に当たる音。そして、その音が大きくなると共に、快感もどんどん、どんどん、大きくなって。そして、さっきいじられてる時に感じた溶けちゃいそうな感じが、またやってきたのです。

「ああ、もうだめ、だめ、溶けちゃう……」

「イク……俺も……」

あああああ！　と凄まじい叫びと共に、山本さんが私から離れて、私のお尻に精液をかけたのがわかりました。私はただひたすら「溶けるぅ～」と叫ぶだけで、山本さんの支えを失った途端に、ずるずると木の根元にくずおれてしまいました。すると次の瞬間、またバリバリバリ！　と大きな雷鳴が轟いて、それが合図だったかのように、雨はさーっと止んでいったのです。

それからほんの10分ほどの間に、さっきまでの豪雨と雷鳴がウソだったかのように、さっと日の光がさし込んで来て、そこかしこから小鳥の囀りが聞こえてきました。

いったいあの凄まじい嵐の間、この鳥たちはどこに隠れていたのでしょう?

それでもコースはすぐ乾くわけもなく、あちこちで急に出来た小川が流れているような状態で、プレイは続行不能となり、コンペはそこで中止に。私たち参加者は三々五々、クラブハウスへと戻りました。

私はウエアがドロドロに汚れてしまっていたので、社長が心配してくれて、クラブハウスの2階にある個室を取ってくれました。

「帰りはどうする?」

「何かのご縁ですから、僕が送っていきます」

心配する社長に、こちらもやっぱりドロドロになっていた山本さんが元気よく答えています。本当は、私たち……ちょっぴりヘンなコトしてたから、脱ぎ捨てた服がドロドロに汚れちゃったんだけど、みんなは雨に降られて汚れたものだとばかり思ってくれて……。他の参加者たちは、都内に戻って、気分転換にビアガーデンにでも行く、と話していましたが、私たちは二人で居残り。さっきの続きを、たっぷり、室内で、できることになったのです……。

とはいうものの、やっぱり凄い雷雨の中にいたため、私は疲れていたのでしょう。個室のベッドの中でぐっすり眠ってしまって……。どれくらい寝ていたのか、ふと気がつくと、窓からは明るい太陽が差し込んでいて、そして目の前には山本さんの笑顔が。

「ああ、私、寝ちゃった？」

「よく寝てたよ。でも、まだ早い時間だから大丈夫」

「いま何時？」

「まだお昼を回ったばかり」

「そうかー。朝、早かったもんね……。でもちょっと悲しいな」

「どうして？」

「だって……目が覚めたら、山本さんが腕枕してくれてると思った」

私は目を瞑って唇を突き出しました。そしたら、山本さんも、優しく、唇を重ねてくれて。そして彼は私のベッドに潜りこんできて、重ねた唇を割るように、私の口に舌をねじ込ませて来ました。

私たちは、もどかしくお互いの服を脱がせ合って全裸になると、お互いの身体のあちこちを舐め、噛み、吸って、何もかも忘れてじゃれ合いました。そして、いつしか、お互いの一番感じる部分を、お互いに舐め合っていたのです。私は山本さんのチ○ポを、山本さんは私のビラビラの真ん中を……。

びちゅびちゅ、びちゅびちゅ……。もうお互いに、お互いが欲しくて欲しくてたまらなくなっていたから、テクニックとか何とか全然関係なくて、ただひたすら感情のままに舐め合うだけ。でも、出会って初めてのHって、こういうことってありますよね？　ただひたすら、お互いが欲しくて欲しくてたまらない。その時の私たちが、正にそんな感じでした。でも、こざかしいテクニックなんかより、そんなストレートな情熱の方が、気持ちよかったりするものでしょう……。

私は、さっきは後ろからただひたすら突かれるだけだったから、初めて山本さんのモノを目の前で見ました。サイズは……普通かな。もしかしたら、今までに付き合った男の人の中では、ちょっと小さめな方に入るかもしれない。でもね、でもね……さっき、ゴルフ場の、大きな木の下で（樹齢百年ぐらいあったかも！）パンパン突かれた時は、こんなに大きいのないって思いました。私、絶対、壊れちゃうって。だから、男の人って大きさじゃないんですよね。合うか、合わないか、が、本当に大事なんです。その日の私と山本さんは、もう、これ以上ないくらい、ベストフィットなカップルでした。

それから私たちは抱き合いました。山本さんは、ムギュ……って、私を力一杯、抱き締めてくれて。横になったまま、彼は私の脚を開いて、またグググって挿入してきました。気持ちいい！　私もさっき彼にさんざん舐められたりして、もうグショグショに濡れていたから、本当にスムーズです。

山本さんは、そうして挿入したまま、ずっと、私を抱き締めてくれていました。なんだか二人とも、いつまでも、そうしていたい気分だったんです。セックスしていても、お互いの考えることが、全然わからないことがある。ただひたすら、快感だけのために動いていて、そういうセックスがたまらなく気持ちいいことがあるけれど、でも、この日の私たちみたいに、本当に「愛し合ってる」っていうか、そういう時って、本当に、なんかダラダラとハメたり、抜いたりしてるだけでも、凄く楽しいものなんですよね。

●私の心理学ゼミは超スパルタの肉体派！　単位の取得もセックス次第!?

ドSな女性大学講師の「肉体ゼミ」単位取得のABC

【投稿者】折原紗英（仮名）／28歳／大学講師

大学院を卒業して、そのまま母校に残ることになった私は、心理学の講師のポストを手に入れて後輩たちを教えることになりました。特定のBFが欲しい……と思うこともあるんだけど、いまは研究が面白いので、結婚とかはまだまだ先かな。それでも、アッチの方に不自由することはありません。学部の男の子たちは、けっこうカワイイ子揃いで、よりどりみどり……だし。単位をちらつかせれば、たいていの男の子は私の言いなりになっちゃうんです。

その日も、私は、研究室に単位をくれ……と押しかけてきたデキの悪い（でもイケメン）な男の子に説教していました。

「あなた、いったい何考えてるの？　こんないいかげんなリポートで単位もらえると思ってるの？」

「はあ……」

「どうせ女にもモテないんでしょ。三こすり半でドピュピュ……って。毎晩オナニーで最低三回はヌイてる感じね」

「そ……そんなことねえっす」

「ここで先生をオカズにヌイてごらんなさいよ……そしたら単位上げてもいいわ」

「せ、先生……」

「ヌケなかったら単位なしね。ほら、ちょっと胸元チラリと見せてあげるから……何やってんの、早くチンチン出しなさい」

「そんな……恥ずかしい」

「人間並に恥ずかしがってんじゃないよ、このブタ野郎。あんたなんかブタ以下だ。単位いらないの？　いらないなら、とっとここから出てってくれる？　私忙しいんだから」

男の子はモジモジしています。私はイライラして、前に近づくと、ズボンのボタンを外し、ファスナーを下げると、緊張して縮こまっているペニスを中から取り出し、ゴシゴシと根本をシゴいてやりました。若いだけあって、すぐにムクムクと元気になります。

「はい、そこまでやってあげたから、後は自分でやりなさい」

「ホントに……ヌイたら単位もらえますか」

「いいわよ。ザーメンの飛び方で、AかBかCか、決めてあげる」

男の子は、意を決してゴシゴシ……と右手でシゴくのですが、緊張しているせいか、なかなか硬くならないみたい。

「ダメ？　射精できなきゃ単位はナシ」

「ちょ……ちょっと待ってください……がんばります」

「あんた、がんばります……って……私がオカズじゃものたりないってこと？」

「い、いえ……そんなことは……」

「じゃ早くヌキなさい」

顔を真っ赤にして、私を見ながら必死にゴシゴシと擦っている学生を見てたら、なんだかだんだん哀れに思えてきちゃって。

「仕方ないわね、あんたそれでも男？　私がヌイてあげるわよ」

「いえ……それじゃ……単位を頂くわけにはいきません」

必死に擦っているうちに、ペニスはまた硬く尖ってきて、学生の息も荒くなってきました。「ハア、ハア……」と、オナニーしながら喘ぐ男って、傍から見てるとこんなにミジメな生き物はいないわね。

「先生……イキそうです……」

「もうイッちゃうの？　もう少し粘りなさいよ。じゃなきゃ、女は満足しないわよ。あと最低5分はシゴキ続けなさい。そうじゃないと単位はダメ」

「えええ？……そんな、殺生な……」

それまで必死に、一刻も早くイコうと思ってシゴいてて、やっとイケるところまで来た男は、もう後戻りすることができず……。

「あ、……い、イク……」

ところがその精液の出方は、飛ぶ……なんてもんじゃなく、尿道口からチョロチョロ流れ出てきて、そのままペニスを伝って下へ流れていくだけ。これでほんとにハタチそこそこの男なの？　と怒りたくなってくるほどの情けなさ。

「出ました、先生……これでなんとか、単位、お願いできませんか？」

「無理ね」

「無理って……そんな……約束したじゃないですか、ヌイたら単位くれるって」

「あと5分はシコシコしろって言ったわ」

「最初はそんなこと言ってなかった」

「それじゃ男として情けないだろって言ってんのよ、このアホンダラ！　ほら、こうしたらどうなの？　これでどう？」

私は、男の袋の裏側の柔らかい部分を指でクイクイ撫でると、別の指をアナルへと這わせました。

「あ……先生」

私はアナルに指を突っ込むと、前立腺のあたりをクイクイと刺激してやりました。するとペニスはまた、少しずつ、むくむくと大きくなってきて……。

「そ、そんなところ……」

「初めてなの？」

「は、はい……」

「彼女にやってもらいなさい」

私はさっと指を引き抜きました。学生はもっとやってほしそうな顔をしています。

「あんたの汚いケツの穴に突っ込んだこの指、舐めてキレイにしてくれる？」

「え？　ええ？　……それはちょっと……」

「イヤだって言うの？」

「だって……」

「口もケツも同じあんたの体でしょ。とっとと舐めて。単位ほしいんでしょ」

私は彼の口に指を突きつけました。直腸特有の、排泄物の臭いがプーン……と漂っています。これを嫌がるようじゃ、まだまだコドモよね……。

学生は、意を決して私の指を口に含みました。舌がペロリ、ペロリ……と指にまとわりついて……ふーん、悪くないじゃん。

「いいわ……上手じゃないの。じゃ、今度はこっちもキレイにしてもらおうかな」

「こっち……って」

「私のマ○コよ。私がこの椅子に座るから、あんたは跪いてペロペロってキレイにするのよ。わかった？」

「そ……そんなの……セクハラじゃないですか」

「何言ってんのよ……あんた、成熟した女のマ○コを鑑賞できる上に、単位までもらえんのよ。おとなしく舐めなさい」

「でも……」

「ここで私が悲鳴を上げてもいいのよ。誰がどう見ても、私があなたに襲われてるとしか思わないわ……」

私はストッキングとパンティを脱ぐと、大きく股を開いて椅子に座りました。

「さあ……」

学生は私の前に跪くと、いつまでもそこをジーッと眺めています。

「どうしたの、早く舐めて」

「先生のマ〇コ、綺麗ですね」

「……バカ」

彼は下から上へと、ペロ、ペロ…と舌を這わせてきました。学生にしてはけっこう上手で、時には口をすぼめて舌を硬くするテクニックなんかもあったりして……。

私の体に、下の方からじんわりと快感が伝わってきて、私もだんだんイイ感じになってきちゃいました。

「ああ……」

思わず呻きが口から漏れます。すると学生も興奮してきたようで、ピチャ、ピチャ……と股間を吸う音も、一段と大きくなってきて。

「いいわ、離れて……」

学生は立ち上がり、私から少し離れてこちらを向きました。剥き出しの下半身を見ると、さっき自分でシゴいていた時から比べると、格段に大きくなったペニスが上を向いて自己主張しています。

「そこに仰向けになりなさい……」

「服が……汚れちゃいます」

「今さら何言ってるの？　単位いらないの」

学生はそれから起きることを半ば予期したように、おとなしく研究室の床に仰向けになりました。

私にしても……こんなにグショグショにされちゃったら、イキのいい肉棒でフタをしてもらわないことには、収まりがつきません。

私は彼の股間のあたりにしゃがみこみ、屹立したペニスの根本に手を添えると、その上に静かに座っていきました。

ピチュチュチュ……と、肉と肉が触れ合い、液体が擦れる音と共に、彼のすっかり元気になったペニスはすっぽりと私の中に収まりました。

「ああ……いいわ……」

「先生……ボクも気持ちいいです」

「あんたは黙ってなさい！」

私は私の中を満たす男性の存在をじっくりと味わいながら、腰を前後左右に動かし始めました。

「せ……先生……もう」

「あんた何言ってるの。さっきイッたばかりでしょ。私がイイって言うまでイッちゃダメよ。これが単位の最後のチャンスよ……」

「は……はい……」

学生は白目を向き、私のワイルドな腰の動きに必死に耐えています。実生活では、こんな風に女性にリードされるセックスを体験したことはないのでしょう。

でも、そんなこと、私の知ったことじゃありません。単位が取れないのは、このコが普段から怠けてるから。ホントなら落第させても誰も文句を言えないようなコなんだから、私がどうしようと勝手でしょ。

「……そう……あなたも動いて……私を突き上げて……ああ……たまんない……」

「先生、僕……動くと……」

「ダメよ。イカないで動くのよ」

「ああ……そんな……」

「……もう少しがんばりなさい……」

「ああ……先生……」

「……いいわ、もういいわ、私もイク……」

彼の上から離れると、同時にそこから白いザーメンが。私が根本をシゴいてサービスしてあげると、勢いのなかったさっきとは正反対に、いくらでも噴水のように吹き出してきて……。もう研究室一杯にザーメンの臭いが広がって、それはもう大変。

「先生……単位……」

「ちゃんとあげるわよ」

「Aですか、Bですか?」

「……Cね」

「ええ?　こんながんばったのに……」

それから半年後、次の試験の時期がやってきました。その間も、ゼミの新人とかをつまみ食いして、時折性欲を満たしてはいたものの、どうも今イチ。

そんなある日、いつかの男の子がまた研究室を訪ねてきたのです。驚いたことに、今度は彼女を連れて……。

「どうしたの、君、私の講義の単位はちゃんと取れたでしょ」

「それなんスけど……これ、僕の彼女なんですけど、こいつが危ないんです」

「すみません、先生の単位が取れないと、学部に上がれないんです……」

体にピッチリしたチビTにジーンズ。おへそがチラチラと見えるのが、なんともイイ感じ。私だってこういうカッコしたいんだけど、一応、立場上ね……。

「どうしてほしいの？　私に……」

「あの……昔のよしみで、こいつに単位やってもらうわけにいかないでしょうか」

「一つ聞くけどさ……」

「はい？」

「あんたがどうやって私の単位取ったか、彼女は知ってるわけ？」

「……ええ……大体は……」

「ふーん……」

彼女は涙目になって私のことを見つめています。

「わかった。いいわ。じゃ、私の前で、あんたたち、一発やりなさい」

「え……？」

「一発よ一発、セックスしなさいって言ってんの。別に清い交際ってわけじゃないんでしょ、今どき。私がどうやってあんたに単位やったのか、知ってるんなら、このコだって覚悟の上で来たでしょう」

「い、いいえ。僕が先生にまたサービスすればいいかと……」

「甘えんじゃないわよ。単位覚えてるでしょ、CよC。最低ラインよ。あんな程度で私が満足したと思ってんなら、甘いわ。ここでやってもらうわ」

よそのカップル、しかもシロウトのセックスを間近で見る機会なんてそうはあるもんじゃないし、この二人はいま私の言うことなら何でも聞くはず。最近ストレスたまってたし、憂さ晴らしにちょうどいいや……と、私はその学生カップルをけしかけて、研究室の大きなソファで一発やらせて見ることに……。

「いいわ。やります」

「……いいのか？」

「私、この単位もらえないで進級できなかったら、親に仕送り止められちゃうし……」

「女の子は度胸がいいね。あんたも覚悟決めてやんなさい。毎晩自分の部屋でやってることをやりゃいいだけよ、ラクでしょ」

するると女の子が一瞬私をにらんだかと思うと、自分から男の子の唇を奪いに覆い被さっていって……。しかも、自分で男の子のズボンを脱がせて、いきなり手でシゴき始めたのです。すごくセックスにアグレッシブで、スッキリした性格。この男の子にはちょっともったいないかな……って感じで。

男の子は、「うう……たまんねえ……」と、責められるがまま。それから女の子は、男の子の股間にかがみこんで、フェラチオを始めました。これがまた、ピチャピチャ……とイヤらしい音を立てて、ねっとりとして、爽やかな学生カップルのセックスとは思えないドロドロの淫乱ぶり。私もちょっと興奮してきちゃって、思わず自分の股間に指を……。

それから女の子が仰向けになり、男がインサートしようとしたので、「ちょっと待ちなさい……私に先に入れなさい」と、私が服を脱ぎ、女の子をどかせてソファに仰向けになって肉棒横取り。

「そこ……ああ……突いて……そうよ……いいわ……」

私は男の子に突かせて、ただひたすら前へ前へと進んでいく、若さにまかせた腰の動きを満喫しながら、「ちょっとこっちへいらっしゃい……私の顔にマ○コを近づけて……早く、早く……」と、彼女を私の顔に近づけさせると、その若草の匂いのする局部をペロリペロリと舐めまくり、すると彼女は……。

「キモチいい……先生、やっぱり女の人ってナメるの上手ですね……」

「彼よりいい？」

「もう……ゼンゼン」

「男ってダメよね」

「ホントに……ああ……先生……いい……いい……」

そうやって彼女を舐めながら、彼の腰に突かれて楽しんでたら、突然「先生、僕、もうダメっす……」って、いきなり私のお腹に射精しちゃって……もうサイテー。盛り上がりかけてた私達、女二人から大ヒンシュク……。

なんか中途半端なのもアレなので、私はこの可愛いカップルを自宅にお持ち帰り。

女二人で男一人をザーメンのかけらも出なくなるまでイタズラしまくり、男の子がダウンした後は、夜明けまでレズって楽しんでしまいました。彼女にあげた単位は、もちろんA。

それから彼女、なんだかレズに目覚めちゃったらしくて、風の噂では、彼氏、その後間もなく捨てられちゃったんだとか。まあ、あの程度のテクじゃ仕方ないかもね。私も相変わらずセクハラ、楽しんでます。

●年上の旦那とはセックスレス、欲求不満&女盛りの奥様が選んだ相手は息子だった……

欲求不満解消のターゲットに夫の連れ子をロックオン

【投稿者】三枝佑美子(仮名)／35歳／専業主婦

結婚して10年になる35歳の専業主婦です。私は初婚ですが、10歳年上の夫は再婚。彼には結婚した当時、10歳の子供がいたので、私は25歳にして小学生の母親になったのです。

その小学生……宏之は、すぐに私になついてくれました。それから2、3年は夫婦仲もよく、一家三人でとても楽しい生活を送ることができたのです。

しかし宏之はそれからほどなく思春期を迎え、私からは距離を置くようになりました。そして夫も仕事の忙しさと、年齢のせいもあるのでしょう、次第に私から離れていくようになり、5年も経過するとまったくのセックスレス。一家三人、必要最低限の会話しかしない、なんとも冷たい家庭になってしまったのです。

それでも、私はまだ30代前半……。

女としては「盛り」の時期、いいえ、まだまだこれからが本番といった年齢。そんな毎日にフラストレーションはたまるばかり。

私はいつしか、都内各所で開かれる「お見合いパーティー」に顔を出すようになりました。本当のことをいえば、マッチングアプリでも何でもよかったのですが、友達にそんな悩みを話したところ「あら、そうなの？　実を言うと私もなの。ねえ、一緒に『お見合いパーティー』に出てみない？」と誘われたのが、最初のきっかけでした。

お見合いパーティーにもいろいろあります。本当に、真剣に、結婚相手を探すものもありますが、私が行くのは、本当に気軽な、後腐れのない遊び相手を探すパーティー。やはり私も、好き放題に暮らせる今の夫の安定した収入や生活力は魅力で、それをなげうってまで恋愛に溺れる……そんな気は毛頭ありません。やはり同じような境遇にある男女が集うこうした集まりは、私にとってうってつけのものだったのです。

パーティーの行われるホテルに、ダブルの部屋を押さえておいて、その場で意気投合する相手を見つけたら、そのままエレベーターで上のフロアへ……。逼塞した毎日を送っている私にとって、年に何度かのパーティーの日は、退屈な日常から開放される、なくてはならない時間なのです。

その日も、私は都内の某ホテルで開かれたパーティーに参加していました。だいたい同年代、30代くらいの参加者が多いパーティーなのですが、この日は珍しく20代の若い人たちがけっこう混じっていて、なんとなく華やいだ雰囲気。

そして……会場の片隅にいる、着なれない感じのスーツを着た若い男を見て、私はびっくりしてしまいました。

それは紛れもなく私の「息子」、宏之だったからです。

彼が思春期に入ってからずっと、私の着替えをそれとなく覗いてみたり、私の下着を興味深そうにいじっていたりしていたことを、私は気づいていました。同年代よりも、年上の女性に興味をもつタイプなのでしょうか。ふと私の中にイタズラ心が湧いて、私は彼に気づかれないよう、そっと脇から近づいて肩を叩きました。

「こんにちは、はじめまして」

宏之は案の定、とても驚いたようでした。それはそうでしょう、義理の仲とはいえ、母親とこともあろうに「お見合いパーティー」の席で出会ったのですから。

「か、かあさん……」

私は人差し指を唇にあてがい、宏之がそれ以上何か言うのを制しました。

（ね、ここは知らない同士でいきましょう）

宏之もそんな私の気持ちを察してくれたようです。

「は、はじめまして……」

「何だかドキドキしてるみたい。こういうところ、初めてなんですか？」

「え、ええ……今日は、先輩に、人数が足りなくなっちゃったから付き合えって、無理矢理誘われて……」

「ふーん、そうなんだ。ねえ、あなた、この後何か予定あるの？」

「いえ、特に……」

「一緒に来た先輩は？」

「ああ、大丈夫です。なんだか向うの方で、よろしくやってるみたいだし」

宏之が指差す方を見ると、確かに彼より少し年かさの青年が、胸の大きく開いたセーターを着た、派手な女と楽しげに言葉を交わしているのが見えます。

「そっか、じゃあ、もう、ここ出ない？」

「え？」

「いいのよ、いい出会いがあったら、こんなところ、長居する必要ないの」

「どこへ……行くんですか？」

「ふふふ、いいところ。ついてらっしゃい」

私は宏之の手を取って、エレベーターに乗り込みました。

「母さん……」

「こら、そういうこと言っちゃダメ」

私は部屋に入ると窓際のテーブルに座って、宏之を手招きしました。

「どうしたの、何おどおどしてるの？」

「えっと、その……何が何だか、訳が分からなくて」

「あなただってもう大人なんだから、そんなこと言っちゃダメよ」

私は立ち上がり、近づいてきた彼の手を握ると、優しくくちづけしました。

「ね、私は大人、あなたも大人。お見合いパーティで初めて知り合った男と女なの。することは一つだけよ」

「そ、それって……」

「あなたの先輩だって、うまいこといってあなたを連れてきたんでしょう？　今頃はさっきの派手な彼女とヨロシクやってるわよ。あなただって、ずっと……私と、したかったんでしょう？」

「え？　そ、そんな……」

「嘘おっしゃい。この部屋に入ったときからもう、あなたのそこ、どんどん目に見えて大きくなってるわよ」

私がブラフをかけてみると、宏之は案の定ドギマギして……もう、かわいいったらありません。もう、どうやって、じっくり、料理してあげようかしら……。

私はまず彼の足もとにひざまずくと、すっかり大きくなっているモノをズボンの上からさすり上げ、そしてファスナーを開いて中身を取り出すとパクン……と口に咥えました。

「知ってるわよ。あなた、ずっと前から私にこうして欲しかったんでしょう」

「そ、そんなこと……」

「いいの。ねえ、私だって、こんなことしてるの、あなたには知られたくなかったわ。でも、お互い、出会ってしまった以上は、男と女、それだけなの。思い切り楽しみましょうよ……」

私は彼の根元をゴシゴシとしごきながら、チュパ、チュパ……と激しく吸い続けました。

「あ、そんなに強くしたら……」

「気持ちいいでしょう」

「うん……いいんだけど、俺、俺……もう……」

「イキそう？」

「うん」

「イッちゃいなさい、まだまだ時間はいくらでもあるんだから」

これくらい若い時の男は、何度射精してもすぐ元気になるものです。最初に、少しヌカせておいたほうが、後から私がたっぷり楽しませてもらえますから……。

「あ、……も、もうダメ……イク……」

ピクリ、と宏之は大きく一度震えて、すると次の瞬間、私の口いっぱいに、人肌の液体がドクドク……と勢いよく飛び出してきました。私はそれを受け止めて、飲んで……そして終わった後の宏之をぴちゃぴちゃ、と嫌らしい音を立てて綺麗に掃除してあげて……。

「さっぱりした」

「うん……でも、ごめんなさい、こんな簡単にイッちゃって」

「大丈夫よ、まだまだゆっくり、楽しめるじゃない？　ねえ、一緒にお風呂、入ろうよ」

結婚してすぐのころ、ドギマギする宏之と一度だけ、一緒にお風呂に入ったことがありました。それ以来、10年ぶりぐらいに見る息子の裸身……。すっかり逞しく、筋肉のついた身体はたのもしいばかり。背中を流しながら、思わず前に手を伸ばして、さっき私の口の中で跳ねていたモノをつかんでみると、またしっかりと上を向いてギンギンに元気になっています。若い男は、こうじゃないとね。

その頃になると、宏之もだんだん馴れ馴れしくなってきて、私のアソコに触ってみたり、胸をギューッとつかんでみたり。どこか初々しいその動きは、ふだんお見合いパーティにやってくるような、すれっからしの男達と違って、本当に「カワイイ」。

「宏之、あんたって本当にカワイイわ」

心の底からそう言うと、宏之は顔を真っ赤にして怒りました。

「そんな、かわいいって言わないでよ。俺だって男なんだから」

「ごめんなさいね、でもね……カワイイし、それでいて、たのもしいわ」

私は彼と一緒に湯船につかりながら、いちゃいちゃと体をいじりっこして楽しんでいました。ときどき体に触れてくる、ギンギンに大きくなったペニスの感触は、本当に極上といってもいいくらい。

でも、どこかでこの感触、覚えがあるような……よくよく考えてみると、それはここ何年もセックスレスの関係になっている、夫のペニスでした。やっぱり親子ですから、顔も少し似ているし、下の方も……似てくるものなのでしょう。

「ねえ、……何て呼んだらいいの？」

宏之が遠慮がちに聞いてきました。

「なんて呼びたい？　お母さん？　そんなのイヤよね。佑美子でいいわよ」

「佑美子……さん？」

「佑美子さん……」

「さんでも、呼び捨てでも、好きにして」

「うん、素敵、名前を呼ばれるとゾクゾクしちゃうわ……」

「佑美子さん……まさか、佑美子さんとこんなことができる日が来るなんて、思ってもいなかった」

「私もよ……妙な偶然があるものよね」

私は彼のペニスを握り、彼は私のアソコに指を伸ばして、ビラビラのあたりをくちゅくちゅといじっています。私もなんだか、すっかりその気になってきちゃって……。

「ねえ、ベッドに行きましょう」

今度は彼が私をたっぷり楽しませてくれる番でした。ゆっくりキスをして、お互いの舌の感触を味わって。そして、彼は私の胸を揉み、吸って、たっぷり甘えました。こんなことずっとしたかったんだろうなって思うと、ちょっぴり切なくなっちゃったりもして。でも、その舌遣いや指の動きは、昨日今日覚えたという感じではなく、いっぱしのテクニシャン。もうきっと何人もの女の子と遊んでいるんだろうなあ、こんなことになるんだったら、私が童貞もらっとけばよかったかなあ……なんて、ちょっぴり後悔したりして。

「あン……」

乳首を噛まれたら、けっこういい感じで、思わず吐息が出ちゃいました。すると宏之はなんだか得意そう。

彼は私が閉じようとする脚をぎゅっ……と押し開いて、真ん中のもうグチョグチョに濡れたところをペロリ、ペロリ……と、ひたすら舐め出したのです。そのザラザラとした舌の動きがなんとも気持ちよくて、私、思わず「ううン……いいわあ……」と、自分からもっと大きく脚を開いてしまったほど。

　私はそれから宏之を仰向けに寝かせると、その顔の上に、グチョグチョのアソコを押しつけるようにしてぎゅっ……と座りました。宏之はすぐに私のお尻をがっしりとつかんで、今度は下から、ザラザラの舌を伸ばして私のアソコをぴちゃぴちゃ……って舐めまくって。こんなこと夫にもしてもらったことがありません。どうしよう、この子と、こんなことするのがクセになっちゃったら……そしてそれを夫に知られたりしたら……そんなスリルが、私をよけい感じさせていました。

「佑美子さん……」

　宏之が、私のアソコの下から遠慮がちに呟きます。

「なあに？」

「俺、そろそろ……もう……」

「ふふふ……入れたいの？」

「うん……」

「ねえ、私もなの。入れて、あなたの、太いの、奥まで……」

私は、顔の上からお尻を動かして、四つんばいになり、後ずさりするように、宏之の股間まで動きました。

そして、自分のアソコを指で開き、宏之に見せつけるようにしながら、少しずつ下へ、下へ……と、降りていき、自分から天井を向いて勃ち誇っている彼に貫かれていったのです。硬い肉棒が私の裂け目をぐぐ……と押し広げて、私の背中を快感が走り抜けていきました。あっと言う間に奥まで串刺しにされて、私はもう夢見心地。もうブレーキもきかなくなって、自分から腰をグイグイ……と動かし始めたのです。

「ああ、いいわ、いいわ……」

「凄い、奥まで入ってる……」

「ねえ、宏之、見える？」

私は少し腰を浮かせ気味にして、彼のペニスが私の秘門を切り裂いている様子が彼によく見えるようにしました。

それを見て興奮したのか、彼のペニスは私の中で、どんどん、どんどん、膨張するように大きくなり、そして硬く、とっても気持ちよくなっていったのです。私はますます腰を前後左右に激しく揺さぶって、私の中のあちこちに彼が当たる感触を心行くまで楽しみました。

「ねえ、佑美子さん……」

「なあに？」

「俺、上になってもいいかな」

「いいわよ、犯して、たっぷり」

私が仰向けになり、脚を開くと、我慢しきれなかったかのように、宏之は凄い勢いで挿入してきました。

パン、パン……とリズミカルに音を立てて、さっき射精したばっかりなのに、何十年ぶりかで女の人とするみたいな、もう激しく突き立ててくるセックス。

そんな若さに委せたストレートなピストン運動がとっても嬉しくて、私、突かれながら何度も何度もイッちゃって。頭の中が真っ白になるんだけど、彼は息をつくことを許してくれないから、もう呼吸困難になっちゃうくらい。喘ぎっぱなしで、どうしたらいいのかわからないくらい感じちゃって……。

「ああ、佑美子さん、俺、もう……」

「来て、来て。思い切り……」

「ああ、いい……イク……」

「宏之……」

「佑美子……さん」

彼は私の腰をがっしり掴んで逃げないようにすると、その中へ射精。がっしりしたペニスの先端から、後から後から液体が飛び出してきて、私の膣の中を満たしていきます。

（ハア、ハア……）

部屋の中には二人の激しい息遣いがコダマするばかり。私は、アソコがジンジンする感覚を味わい続けながら目を閉じました。彼が私のクリトリスに指を伸ばしてきたのがわかりました。まだするのかな……まだできるかな……もうヒリヒリしてきちゃった……。

●若かったあの頃、愛し合う意味もわからなかった。でも悦びを知った今、私は旅立ちます

肉体を貪りあった日々……でも明日からは清純派です

【投稿者】吉岡照美（仮名）／22歳／大学生・俳優

「ミツアキ……」

初めて彼の部屋に泊まった夜、私は切なくて、ずっと、ずっと、彼の名前を呼び続けました。

当時、私は大学に入学して上京し、間もないころ。やっぱり寂しかったんだと思います。彼に抱いて欲しいって、そういうキモチがなかったわけじゃない。からだの欲望……そう、「性欲」だって、確かにあったとは思います。でも、そんな欲望より、とにかく心が寂しかった。温かい郷里の両親や友人たちから離れて、たった一人の生活を求めていた私にとって、キャンパスで優しい言葉をかけてくれた彼は、あっと言う間になくてはならない存在になっていました。演劇をやっているという彼に「一緒に芝居やろうよ」って初めて言われたとき、すごくドキドキしたのを覚えています。それから毎日会うようになって、彼の部屋に泊まりに行くまでに……初めて出会ってか

ら、一ヶ月も経っていなかったと思います。

私は、なんとなく、彼とずっと一緒にいたかった。ベッドの中でも、優しく抱き締めてくれれば、もう、それだけでも満足だったんです。でも、違いました。やっぱり若い男の人って……昼間は、ニコニコと爽やかな笑顔で優しくても、夜は……ケダモノ。

まるで別人のような激しさで、私に襲いかかってきました。処女ではなかったとはいえ、そうした行為にまだまだウブだった私は、そんな物凄いセックスに戸惑うばかり……。上になり、下になり、彼が（大丈夫だから……）と言いながら、射精直前に私の中から抜け出して、顔に精液を浴びせかけられた後も、いったい何が起きたのか、頭では理解できても、体では理解できなかったんです。彼が果てた後も、ずっとずっと寂しかった。だから彼の名前を呼んだのです。

でも、彼は、それを、私が「したがってる」って、思ったみたいで……。

「照美、お前、ホントに好きなんだな……」　彼が苦笑しながら言うので、私、驚いてしまいました。私、好きなのかな、セックス……って、その時、漠然と思いましたけど。

私は彼に背を向けて寝ていました。もちろん、何も身につけていない状態。彼は、後ろから私を抱きすくめるような形。

なんだか、私の腰のあたりに、硬くてゴッゴツしたものを、彼が押しつけてきました。(なに、これ……)

それが、また硬く、大きくなった彼のモノだとは、私、本当にわからなかったんです。いいえ、もちろん、今では、いろいろ経験も重ねてきましたから、わかりますけど、あの夜はわからなかったんです。

だから、私、手を伸ばしてみました。

すると、そこに触れたのは……そう、皆さんが想像するとおりの、あの男性自身を象徴する器官だったのです。

「きゃ……」

小さな生き物のようにピクピク震えるソレは、なんていうか……かわいらしかったし、それにしっとりと湿り気を帯びていました。

「また入れてみたい?」

彼は私の耳もとで小さく囁くと、私の返答を待たずに、後ろからググ……と、それを差し込んで来ました。

(え?)

そんなに簡単に、入るの？　こんなに何度も立て続けにエッチしたことなんて、それまで私、経験がなかったので、カラダが彼をいとも簡単に受け入れてしまったのが、本当に驚きだったのです。

「え？　あ……あ……」

こ、これって本当に私のカラダなんでしょうか。この夜、二回目に彼が私を貫いた瞬間、それが私の抱いた正直な気持ちでした。

（これまでと……全然違う……なんだか、カラダが溶けてしまいそう……）

その時、私、生まれて初めて、奥まで男に貫かれている、という感じがしたのです。それまでは、インサートされていても、なんとなく異物が入ってるなという感じがして、そんなに「感じる」っていう経験は、今にして思えばありませんでした。

それが、この夜の感じ方といったら！

スルスルスル……って、彼、後ろから何の苦労もなく私の奥まで入ってきたと思ったら、いきなり胸を鷲づかみにされました。

「イタイ……」

でも、その胸をつかまれた痛みが、アソコから伝わってくる溶け出してしまいそうな感覚を、まるでスパイスのように高めてくれるんです。彼はそのまま、そこで激しく腰を前後に揺らしました。

ぴちゃぴちゃ、ぴちゃぴちゃ……って、私のアソコから音がして。私は自分の中からとめどなく湧き上がってくる快感をコントロールできず、ただただ、喘ぎ声を漏らすしかできなかった。

「ああ、ああ、ああ……イイ！」

自分が出している声とは思えません。でも、でも、あまりにも気持ちが良すぎて、どうしたらいいのかわからなかった、セックスがこんなにスゴイものだったなんて、私、この晩初めて、そして、嫌というほど、思い知らされたんです。

それまで、付き合ったことのある男の人とか、あるいは女性の友達とかと、面白がってAVを見る経験はありました。だけど、そこに出てくる女の人の「イク様子」とかって、絶対にオーバーすぎる、こんなの演技に決まってるって、そう思ってたんです。

でも、私、その夜、わかったんです。ああいうことって、確かにあるんだな……って。

そして、そんな力が、私の中にも眠っていたということが、驚きでした。ある意味、怖くなってきちゃったんです。

「ああ！　ああ！　凄いヨオ、ミツアキぃ……」

「素敵だよ、照美……俺も、たまんねえ」

「ねえ……怖いよ」

「何が」

「……スゴすぎるの、この感じ、私、こわれちゃいそう……」

「大丈夫、セックスのし過ぎで死んだなんて話、聞いたことないよ」

ミツアキはどんどん、どんどん、激しく動くようになっていきました。

「ダメ、ダメ、ダメええ！　ねえ、私……し、死んじゃう！」

「平気さ……」

彼は私の体に自分の体をぴったり密着させると、今度は私の下に潜り込むようにして、私を彼の上にまたがらせるような格好をさせたんです。

「イヤ、何、これ……」

「好きに動いていいよ。気持ちいいだろう」

私は彼の上で、いわゆる「騎乗位」のスタイルを取らされたのです。こんな恥ずかしい格好をして、男の人にまたがるなんて、それまでの私には想像もつかないような体位でした。AVとかで見ても、あんな格好、私にはできっこない(だいいち、あんなに下から突かれたら、アソコが破けちゃうかも……)としか思えなかった。

でも……驚いたことに……このスタイルがとっても……気持ち、いいんです……。奥までずっぽり(こんな言葉使うの、とっても恥ずかしいんですけど……でも他に適当な言葉が見つからなくて)。

ミツアキは、下からどんどん、突き上げてくれます。その度に、私、とっても気持ちよくって、どうしようもなくって。

「ああ……凄いわ……どうしよう……」

涙ながらに喘いでいると、そのうちミツアキがニヤニヤしながら、私の下で、こんなことを言うんです。

「ねえ、照美……」

「ああ、ああ……なあに……」

「ねえ、自分で動いてみてもいいんだよ」

って。

自分で動く?

この格好で？

そんな恥ずかしい……こと？

ああ、でも……いいかも……。

私は、おそるおそる、自分の腰を前後にゆっくりと動かしてみました。

（え？　な、何なの、これ……）

ただまたがって、彼に突き上げられるだけでも十分すぎるほど、気持ちがよかったのに……。

それが、自分で好きなように動いてみたら、その気持ちよさが、もっともっと……深くて、大きいものに変わっていくんです。もうこれまでで、十分、セックスの凄さは味わっていたと思っていたのに、まだまだ、どこまでも奥は深いみたい。

私が動くと、中で彼も動くんです、そして思いもよらなかった場所に彼のモノが当たって、そして想像もできなかった快感が次々に生まれてきて……。

「ひい、ひい、ひい……」

もう、声にならない声しか出てこなくなってしまいました。まるで目の前で次々にストロボを光らされているような、目がくらむような感覚が次々に訪れてきて。

「ああ、ああ、凄いよ……ミツアキ……私……ふううう……」

するとと今度はミツアキが体を起こし、私を仰向けにさせると、またさっきのように正面から荒々しく入り込んで来ました。

「ひいいっ！」

パン、パン、パン……と、ミツアキが凄まじい勢いで私を突きます。もうアソコはジンジンと強烈に熱くなっていて、なんだか痺れちゃったみたいな感じ。ところが、そんな風にジンジンなってるところをまた刺激されると、これがグッときちゃって……。

「ああ、ああ……」

もう、どうしようもなくなると、口から洩れてくるのは「あ」っていう音だけになっちゃうみたい。

ミツアキが、どんどん動きが激しくなってきて「ああ、そろそろ、イクよ……いい？」って聞いてきたけれど私はもう「ああ……ああ……」しか言えなかった、もうどうしたらいいのか全然わからない、こういう感覚って、分かってもらえるでしょうか？

「イクよ！」

突然私の体は、ミツアキに投げ出され、ベッドの上に崩れ落ちました。それって、ホンの一瞬の出来事だし、落ちたって言っても、せいぜい10センチとか、それぐらいの距離に過ぎなかったと思います。でも、それが私にとっては、ものすごい高い崖の上から放り出されたような感じがして、どこまでもどこまでも、永遠に落ちていくような感じがして。そして、さっきと同じように……いえ、さっきよりも激しかったかもしれません、ミツアキの精液がまた私の顔に降りかかってきました。私はそれをどうすしようもなく、ただ目を見開いたまま、快感の大きな海の中をひたすら漂うことしかできなかったのです。

あれから3年ほどの月日が流れました。

それからのほとんどの時間を、私たちはお互いのどちらかの部屋で過ごしました。彼は学生劇団の主催者兼演出家、そして私はその劇団の看板女優として、お互いにお互いをいろんな意味で必要としていたのです。

でも、女優としての私は、自分で言うのも妙な話ですが、どんどん進化していきました。演じるということがとても面白くて、楽しくて……そう、セックスと同じくらい、奥深くて、やればやるほどその先が見えてくるんです。私はいつしか、ずっとこういうお仕事をしていきたいな、って、思うようになっていました。

ところが、そんな私にとって、彼はいつの頃からか、物足りない……といっては本当に申し訳ないのだけれど、そんな存在になっていったのです。演劇人としての彼が、なんていうか、言ってることが、浅いのです。

私はずっと一生、彼と歩いていきたいと思っていました。それはウソでも何でもありません。

でも、お芝居をしたい私にとって、彼との将来は、見えてこないのです。

だけど、私にとって彼はとても大切な存在です。彼が望むなら、大学を卒業したら、そのまま結婚して、女優の道を捨ててしまってもいい、と、一時は思いました。

ところが、そこに思いがけない話が舞い込んできたのです。

あるプロダクションのスカウトが、学生演劇祭に出演した私の舞台を見て……プロとして本気でやってみるつもりはないかって。ドラマの主役だってすぐに張れるようになるからって。声をかけてくれたのです。

「やってみたい？」

「はい、もちろんです……」

「じゃ一つ、条件があるよ」

その条件というのが……。

彼ときっぱり別れること……。そのプロダクションでは、新たな清純派スターの卵として私を売り出そうと考えていたのです。デビュー前に男と同棲していたことなんて、あってはならないことでした。

私は迷いました。自分の目的のために、この間ずっと、私を支えてくれ、そして体の悦びを教えてくれた男を、捨て去ってしまってもいいのだろうか、って。

でも、私は……やっぱり、自分の夢を捨てられませんでした。そこから一歩、踏み出す時が来たんだと。

最後の夜……。

私は心をこめて……ほんとうの真心をこめて、愛情たっぷりに……彼のモノを、これまで何度も何度も、たぶん千回以上も私を喘がせてくれた素敵なペニスを、しゃぶり続けました。

最初の頃、フェラチオなんて自分には絶対に無理だって思ってたのに、こうして彼の反応を見ながら、しゃぶり方の強さを変えたり、上から下から、いろんな角度からペロペロって舐めてみたりできるようになるなんて。女って、自分で言うのも妙な話ですけど……きっと本当は、男よりもずっとずっと「スケベ」なんでしょうね。

ぴちゃ、ぴちゃ、ぴちゃ……。

私は彼のペニスの先っぽを吸いながら、その真ん中の割れ目を舌でツンツン、責めたてます。

「うう……たまんねえよ……」

「ねえ、ミツアキ……」

私は彼から口を離し、指でそれを軽くしごきながら語りかけました。

「忘れない、私のこと?」

「忘れないよ……忘れられるわけねえだろう、お前みたいないい女のことを……」

「ねえ、いいの、私がいなくなっても、やっていけるの」

「気にするなよ……お前がテレビの中で大きくなっていくのを、ずっと……いつまでも見守ってるから」

「寂しいよォ……ミツアキ……」

それは私の本心でした。

でも、やっぱり、これが最後の彼とのセックスなんだ……という思いは、少しも揺らぎませんでした。

私の口の中で、彼はどんどん大きく、硬くなっていきました。

（まだ……大きくなる？）

どこまでも膨張していくような彼のペニス。ピクピクって震えるこの感じ、いつか触れたような気がする……。

（あ、あの時……）

そう、忘れもしない、彼と初めて結ばれたあの夜、確かにこんな大きくなって、ピクピク震えてた。

ずっと忘れていたけれど、あの夜の感覚が鮮明に甦ってきました。あの時感じた、初めてのめくるめくセックスの快感の記憶といっしょに…。

あの時私は、何も知らない少女でした。でもミツアキが私を、大人の女に変えてくれたんです。あれからもう、何年もの月日が経って、あんなにも一つだった私たちが、もう二度と元に戻れない次のステップへと踏み出そうとしているのです。

「ねえ、来て……」

私は思いきりイヤらしく脚を拡げ、自分の一番恥ずかしい場所を拡げ、彼に見せつけました。ずっと、いつまでも、この私の姿を目に焼き付けておいてもらいたくて。

ミツアキは「ふう……」と、しばらくそこを見つめていました。いや、そんなに見つめられたら、ただでさえグチョグチョに濡れているのに、もう、どうしようもなくなってきちゃう。腋の下を冷たい汗が流れ、そしてアソコの中を熱い滴が流れ落ちていきます。

「来て、ミツアキ……」

彼は、意を決したように、私の脚をがっしりと握ると「行くよ……」と囁き、そして正面から私に入ってきました。

「あ……」

これなんです、この感じ……。

やっぱり、こんな満ち足りた感じ、私のアソコにぴったりとハマる感じ、もうミツアキじゃなきゃダメなんです。こんなに幸福で気持ちのいいセックスを捨てて、次の一歩を踏み出そうとしている私は、どうしようもない女です。

ミツアキはどう思ってるんだろう。

彼はただ、ひたすら、本能に駆り立てられて、私を二つに引き裂いてしまおうとするかのように、腰をぐい、ぐい、ぐい……と動かし続けています。

「ああ、ああ、ああ……」

ああ、この左に流れていくような動き方が彼。私はいつもこうやって、このフトンの外側に押し出され、最後は冷たい畳の上で彼の精液を受け止めるの……。

「上になって……」

私は彼のリクエストに応えて、やっぱりあの日初めてその快感を教えてもらった、騎乗位で結合していきました。あの日と違うのは、彼を焦らすように、その腰の上でたっぷりポーズをとってから、グググ……って沈み込んでいったこと。

「ふう、……いい……」

私はもう何も知らないティーンエイジャーではありませんでした。いろんなことを勉強した、22歳の女性でした(デビューするときは20歳ということになるらしいです)。

腰を、そしてアソコを、ぐるぐる回転させるように動かすと、彼は目をシロクロさせながら感じていることを私に伝えます。

「気持ちいいの？　ミツアキ」

「すげーよ、やっぱり……照美、お前は最高の女だ……もう二度と……」

「なあに？」

「お前みたいないい女には出会えないと思うよ……」

「そんなことないよ……」

「いや、俺にはわかる……」

最後はもう一度、仰向けになって、正常位。二人の想い出がすべて、走馬灯のように頭をよぎり、そしてこれまでのセックスで一番凄いと思える快感に酔いながら……。

「行くよ……」

「ああ、来て……」

最後は彼に頼んで、私の中に出してもらいました。大丈夫な日だってわかってたから。あ、と小さく彼が叫ぶと、私の中で彼が弾けました。後から後から、彼の分身が私の中を駆け上っていきます。ああ、気持ちいい……いつしか私は眠りに落ちていきました。


明日からは、清純派です。

第三章 無垢な心で性の深みを覗く女たち

●毎年、旧盆が近づくと体の奥から呼ぶ声がする……それは、私を突き動かす性への衝動

人知れず続く秘祭は、老若男女入り乱れる性の開放区

【投稿者】久保明日香（仮名）／38歳／専業主婦

日々の暮らしに不満はないけれど、なんとなく物足りない……皆さんは、そう思うことはありませんか？

去年の春、私はずっとそんな思いに囚われて過ごしていました。

夫は私より2歳上で、8年前に彼がこちらに仕事で来たときに知り合い、結婚。私は彼の職場がある東京に移り住むことになったのです。

生まれてからずっと地元で過ごし、ほぼ刺激のない毎日を送ってきた私にとって、「東京暮らし」はとても魅力的でした。ほどなく子供も生まれ、しばらくは子育てに夢中になっていたのです。

今ではその子も小学校に入学。少しずつゆとりが生まれてくると、最初に書いたような「物足りなさ」が日々、感じられるようになってきてしまいました。

夫は申し分なく優しいいし、収入にも不満はありません。

ただ「東京暮らし」「結婚」「子育て」といった、地元時代の私にとって、とても新鮮な日々が、いつしか日常となって色あせてくると……。

どこか野性的な田舎が、少しずつ、新たな輝きを持って感じられるようになってきたのです。

夫や子供への愛情、そして快適な東京暮らしを捨てようという気持ちなど、少しもないのですが、その一方で……。

そして私には、地元への思いが、故郷の村の秘められた「祭り」から生まれていることが、無意識のうちにわかっていました。

毎年、旧盆の8月15日に行われる「祭り」は、県内でもちょっと知られた存在です。近郷近在からたくさんの人が集まってきますし、観光客にも「奇祭」として知られているようです。「奇祭」というのは、男性のシンボルをかたどった大きな神輿が出て、若い女の子たちがそれを見て逃げ惑う……という風習があるから。とはいえ、五穀豊穣を祈る祭りなら、時折見かけられるようなものですよね。

でも……私の故郷の祭りは、それで終わりじゃないんです。

夜も更けて、観光客もいなくなり、神社の夜店もすべて片付けられた……そんな時間から、「本番」が始まります。

一夜の快楽を追い求める地元の男女が、神社に集まってきて、境内のあちらこちらで……コトに及ぶのです。

お堂の裏側。鎮守の森の中。小さな祠の陰……そこらにいる異性をつかまえては、欲情の赴くまま。そして、一番大きな「会場」となるのは、社務所の地下に作られた広大な部屋です。階段を下りれば、五十畳くらいのスペースにフトンが敷き詰められて、誰もが手当たり次第に快楽を貪ることができるようになっています。よく知られている言葉を使えば「乱交パーティー」ということになるのでしょうか。でも、私たちはただ単に「夜祭」と言ってるだけなんですけど。

なぜこんな風習が始まったのか、いつから続いているのか、まったくわかりません。子宝を授かるために始まった、とか、封建時代に抑圧されていた村人たちが年に一度だけ羽目を外すことを許された名残だ、とか、噂には聞いたことがありますが、でも真相はわからないし、これからも知られることはないでしょう。

ただこの祭りには、一つだけ、決して犯してはならない「掟」があります。

それは、村で生まれ育った人間以外に、決して口外してはならないということ。確かに、ヨソから来た人にこの「祭り」が知られてしまえば、こんなに自由に楽しむことはできなくなってしまうでしょうから。

次から次へと襲い掛かってくる男。疲れ果てた男に挑みかかり、ふにゃふにゃの「ちょんぼ」（このあたりでは、男性のシンボルのことを、こう呼びます。女性のものは「まんじょ」です）を心行くまでしゃぶり、硬くしてはまたがり、自分の中に収めていく女。誰もが果てるということを知らず、もうだめだと思っても誰かに再び火をつけられ、夜が白々と明けるまで底なしの快楽に耽る……。

夫とのセックスも、悪いものではありません。彼は私を懸命に悦ばせようとしてくれますし、私も真心込めて彼を……。

だけど、彼が私の中で果てた後、いつも私はあの「夜祭」の終わりのない快楽を思い浮かべてしまうのです。

（こんなの……物足りない。もっともっと……欲しい）

春のある日、私はついに夫に切り出しました。

「久しぶりに祭りに行ってみたいの。8月15日、ちょっと田舎に帰ってきてもいいかしら？」

私は、夫が拒絶してくれればいいのに……とほんの少し思いました。そしたら、私は「罪」を犯さずに済むのに……。

でも、夫はあっさりと、

「あの有名な祭りだね。僕は仕事で行けないけど、楽しんできなよ。子供の面倒は見てるから」

ニコニコ笑いながら、そう言ってくれたのです。その瞬間、私の中で、何かがはじけました。

(こんな満たされない状態でいるよりも、思い切って、楽しむだけ楽しんで……そしてもう一度、ここに帰ってこよう)

それからの日々は、まるで羽根が生えたように、あっという間に過ぎ去っていったのです。

そして、8月……。

私は、駅まで夫と子供に送られ、新幹線と在来線、そしてバスを乗り継いで、生まれ故郷の村に着きました。

バスを降りると、どこか湿った懐かしい空気が私の鼻に広がります。じめっとした、どこか、男女のアソコから漂ってくるような香り。この香りを嗅いでいるだけで、ムラムラっとしてくるような、そんな空気。遠くからは祭囃子もかすかに聞こえてきます。

歩き出そうとすると、私を追い越していった車が止まり、中から顔を出した男が声をかけてきました。

「おい、明日香でねえか？」

「雅史？」

運転していたのは幼馴染の雅史でした。助手席からは、もう一人の男が呼びかけてきます。

「帰ってきたか？」

「賢治！　あんたたち、相変わらずつるんでんの？」

「おめ、子供生まれたんでねえの」

「もう小学生だよ」

「へえ。祭り、何年ぶりだ」

「8年……かなあ。元気そうだね」

「おうよ。俺たちゃ何も変わらねえ」

「変わんないね。どこもかしこも」

「変わんね。上半身も下半身も変わっちゃいねえ」

「そうなの？」

「試してみっか」

「まだ早いよ」

「そうだな。また後でな」

家に帰ると、両親がニコニコと出迎えてくれました。

「旦那さんや子供は置いてきたの」

「だって……連れて来れないっしょ」

「んだねえ。今夜は私たち、山村さんとこの寄り合いに行くで。あんたもどうせ、お宮で朝までだろうし」

両親は両親で、同じ年代の人たちが寄り集まって、また怪しい宴会を始めるようです。あのくらいの年になったら、私たちは、どんなことをしてるのか。まだまだ想像もつかないのですが……。

お祭りの人出がすっかりひけて、村の外からやってきた人たちがすべて姿を消した頃……私は神社へと出かけていきました。早くもあちこちから、男女のアソコが触れ合う「べちゃべちゃ……」という淫らな音が聞こえてきます。

社務所の扉を開け、目立たないところにある地下室への階段を下りていくと、中からは凄まじい男女の叫び声が。

薄暗い照明の中、部屋に足を踏み入れると、何かべちょっとしたものを踏みつけてしまいました。誰かの精液が飛んできたのでしょうか。

不意にぐい、と後ろから抱きしめられ、乳房をぎゅっとつかまれました。

「あ……」

思わず吐息が口から漏れます。

「明日香……」

「雅史？」

そう言おうとした私の口を、雅史の唇が強引に塞ぎました。ざらついた舌が私の口の中にぐいぐいと押し入ってきます。懐かしいタバコの香り。

「待ってたよ」

今度耳に囁きかけてきたのは賢治でした。どうやら二人で私が来るのをじっと待ち構えていたようです。

「お前、いきなり結婚するって言うから、驚いたよ」

「俺たちのどっちかと結婚すると思ってたのに」

「だって東京で暮らしてみたかったんだもん。それに……」

「何だ」こちらは雅史です。

「どっちかと結婚したら、どっちかが悲しむでしょう」

「関係ねえべさ。こうやっていつも三人で遊べばいい」

「それもそうね……あン……」

どちらかの手が、私のスカートを強引にめくって、私の「まんじょ」をぐいぐいとつついてきました。

「もう濡れてるでねえか」

「だって……もう、ずっと、今夜を待ってたんだもん」

「旦那じゃものたりねえか」

「そうじゃないけど……だけど、こんなにすごいの、今夜しかないよ」

「そりゃそうだな」

私はいつの間にかフトンに押し倒され、訳がわからないまま、雅史の「ちょんぼ」をグイグイと口の中に押し込まれていました。むっとするような男の香り。私は回りの音に負けまいと、ぴちゃぴちゃ、ぴちゃぴちゃ……と、思い切り淫らな音を立てながらそれをしゃぶります。

すると今度は賢治が、私のパンティをはぎ取ると、そこに顔を埋め、私に負けないくらい「ピチャピチャ」と激しい音を立てて、私の「まんじょ」をしゃぶります。この上なく甘美な感覚が、私を貫いていきます。

口には雅史、アソコには賢治……。上から下から責められて、私はもう何がなんだかわからなくなってしまいました。とにかく訳も分からず気持ちいい……というか、もうこれが最高と思っても、またさらにその上、さらにその上……と、どんどん果てしなく快感が広がっていくのです。

8年前、最後にこの祭りに来た夜のことを、唐突に思い出しました。

雅史と賢治、交互に何度も何度もハメられて……ぐしょぐしょにされて……もうこれ以上気持ちよくなったら死んじゃう！　そう思って、逃げるように社務所を抜け出し、家に帰って、ひたすら眠ったのです。

そしてその夜、火照った体を冷やしたいと思って入った市内の店で、今の主人と出会ったのでした……。でも前夜の凄まじい経験が忘れられなかったのか、結局私はその夜もセックスしてしまって。

二日の間に、雅史、賢治、そして今の主人……いったいどれくらいの精液が、私の膣の中に放たれたでしょう。

二ヶ月後、私は自分が妊娠していることを知りました。

「入れて、入れて……早く、早くウウ……」

雅史の「ちょんぼ」が私の口から引き抜かれると、自然にそんな言葉が飛び出してきました。すると「まんじょ」を飽きることなく舐め続けていた賢治が、私の脚をぐいと開くと、両手に抱えて、ぐぐ……と挿入してきたのです。

「いい、いい、もっと、強く……奥まで」

自分の意思とまるで関係なく、腰が動きます。こんなに腰を振ることができるなんて信じられない……物凄いスピードで腰が動くんです。

「うう……やっぱりたまんねえ。お前、最高だよ、明日香……」

うめくような賢治の声。

負けじと、雅史が、もう一度、私の口の中に「ちょんぼ」を突き立ててきました。

（苦しい……）

酸素をあまり吸えないせいか、頭がボーッとしてきて、口の中と、まんじょの中に突き立てられた二本のちょんぼが動くたびに、凄い快感が湧き上がってきます。

（これ……懐かしい）

でも、私が求めていたのは、正にこの感覚でした。死と紙一重の、凄まじい刺激。それなら、毎晩、こんなことしたっていいようなものなんだけど、でも、祭りのこの一夜だけだからこそ、ここまで気持ちがイイ……ってことを、雅史も、賢治も、私も……そしてこの時間に身を委ねている村の人たちみんなが、わかっているのです。

「うっ！　行ぐ……」

雅史が口の中に射精。これが今夜の一回目？　それとも、もう何回目？　どちらにしても、凄まじい量の精液が、私の喉に襲い掛かってきます。私はその生温かい液体をごく、ごく……と飲み干して。

ゴホゴホ……と少し、むせてしまって、その動きが下半身に伝わったのか、まんじょがギュッと締まったようです。

「ああ……たまんねえ……」

賢治が私の腰をぐい、とつかむと、中に向けて腰を大きく振ります。温かい液体が中に広がっていく……。

「すげえ、やっぱ、お前、すげえよ、明日香……」

雅史が口から、そして賢治がまんじょから、ちょんぼを引き抜いてしまうと、私は寂しくて寂しくてたまらなくなりました。涙が流れます。もっと欲しい、こんなんで終わっちゃイヤ。

「大丈夫、まだまだ、これからだ」

「ホント？　まだまだ、ホントに」

私は、まんじょから抜けたばかりの賢治のちょんぼまで這うようにして近づき、そしてまだ硬さの残るそれをピチャピチャ、ピチャピチャ……と舐め始めました。

「もっと硬くなる？　もっと大きくなる？」

「すぐだ」

一方、雅史は剥き出しになった私の乳房を両手でつかむと、その真ん中に自分のちょんぼを差し込んで、グイグイと刺激し始めました。そっちも、すぐに、硬く、大きくなっていくのがわかります。胸の谷間に、私の唾液と、雅史の精液が混じったべちょべちょがくっついて、なんとなくこそばゆい……。

「明日香……お前、オッパイ柔らかくなったんじゃねえか」

「ええ？　もう年だから」

「わかんねえけど……なんかそんな気がする」

十分に硬くなったところで、雅史はさっき賢治が入っていた、私のまんじょに自分のちょんぼを突き立てます。

「ああ……明日香……お前としたかったよ……」

「おらも……」

いつのまにか、村の言葉を話している私がいます。

雅史は私を四つんばいにさせて、後ろからグイッ……。

（あ、そんなに、奥まで……）

「裂けちゃう……ああ！」

すると今度は、こちらもすっかり硬くなった賢治が、私の口に向けてぐぐ……とインサートしてきて……。

後ろから雅史、そして前からは賢治……さっきとそれぞれ別の穴に、自分のちょんぼを突っ込んで、私はまるで串刺しになったみたい。体中から快感が湧きあがってきて、もう。何がなんだか、わかりません。そうこうするうちにも、どこかの男が私のオッパイをつかんだり、剥き出しの背中に精液を浴びせていったり……。

「行く、いく！」

「いっちゃう……」

私は何度も腰が抜けそうになって、気が遠くなるような感覚を味わい、それでも男たちは自分で腰を振り続け、しばらくすると精液が滴り……。

気がつくと、私は仰向けに倒れて、さっきまで賑やかだった部屋の中も、ずいぶん静かになっています。まだ頑張っているカップルは2、3組だけ。

なんだか物足りないような気がして、自分でまんじょに手を伸ばします。

「あン……」

そのかすかな喘ぎに気がついたのか、賢治がむっくり起き上がると、自分の指を私に差し入れてきました。ぐちゅ、ぐちゅ、ぐちゅぐちゅ、ぐちゅぐちゅ……。いやらしい音が部屋の中に響きます。

手を伸ばしてみると、賢治のちょんぼ、さっきよりまた一段と大きくなったみたいで……。私はぐい、とそれをつかむと、上へ、下へ、渾身の力を込めてゴシゴシ……とシゴき始めました。

すると、賢治は、身をよじるようにして私の手をふりきり、それを私の大きく開いた脚の真ん中へと、グイ……と押し込んできました。

「ああ……」

夏の短い夜は、もう明けかかっているようです。広い部屋の中に、撒き散らされた精液と愛液の香りが漂い、その片隅で、私たちは名残を惜しむように、腰を振り続けました。

「いく、いく……ねえ、一緒に……」

「明日香……」

ブルルル！　と賢治が体を震わせると、その先端から、この夜何度目かの精液がまた私の膣の中に放たれます。私はそのかすかな感触を味わいながら、またまどろみの中へと墜ちていきました……。

●童貞大学生の冬休みは、スキー場での過酷バイト。でも最終日にビックサプライズが！

童貞喪失は、薪ストーブより熱かった人妻のアソコで

【投稿者】加川秀彦（仮名）／21歳／大学生

大学に入って初めての冬休み。センター試験や入試などもあり、年が明けてもあまり学校に行く機会がありません。特に彼女がいるわけでもなし、それならリゾートでバイトでもしようかな……と、アルバイトを探して、とある信州のスキーロッジに働き口を見つけました。

なんとなくロマンチックな雰囲気を期待しないでもなかったのですが、予想は見事に裏切られました。早朝から宿泊客の食事の支度の手伝い、合間を見てかきこむように食事。チェックアウトの後は部屋の掃除、そして新しい客を迎えるための準備。スキー用具の貸し出しや、乾燥室の管理、雪が降ったら雪かき、ちょっとした大工仕事、ゲレンデへの送り迎えなど、夕食が終わるともうヘトヘト。慣れるといくらか余裕もできて、ちょっとはスキーを楽しめたりもできるようになりましたが、最初のうちは寝て、起きて、働いて、寝て……の繰り返し。

バイト仲間は男ばかりで、ロマンスが生まれる余地もありませんし、遊びに来た女子大生と仲良くなろうにも、ほとんど時間がありません。

唯一の救いは、ロッジの経営者である涼子さんが、なんとも艶っぽいことでしょうか……。

彼女は人妻で、旦那さんと暮らしています。旦那さんは、地元の観光協会で働いているので、ロッジの経営はもっぱら涼子さん任せ。子供はいません。年齢は……そうですね、30をちょっと越えたぐらいでしょうか。名前が似ているからというわけでもありませんが、広●涼子をもう少し親しみやすくしたような……。ショートヘアがよく似合う、理想の「年上の女性」といった感じです。雪国の女性らしく、肌が白い。冬場なので、セーターを着ていることが多い彼女ですが、その上からでもわかる胸の盛り上がりは、じっくり見るのがはばかられるほどです。

時々、湯上りの彼女を見かけることがあります。もちろん、きちんと身づくろいはしているのですが、何とも言えず成熟した女性のいい雰囲気が伝わってきます。色白の肌が、ほのかにピンク色に染まって、もう、たまらない感じです。一度など、自室に戻ってから鼻血を出してしまったこともあるほど。二段ベッド2台が入っているだけの、ほとんど身動きできないような四人部屋だったので、同室の連中にかなりからかわれてしまいましたが……。それでも、童貞である私にとっては、十分すぎるほどの刺激だったのです。

バイト期間の一ヶ月があっという間に過ぎ、すべての仕事が終了、明日は山を下りるという晩……。

涼子さんは、我々の労をねぎらい、ウチアゲを開いてくれることになりました。

さほど親しいわけでもなかったバイト仲間ですが、さすがに最後の日ともなると、なんとなく盛り上がって……。誰かが仕入れてきた一升瓶のワインを、カパカパと飲み干すうち、気分が悪くなり、意識を失ってしまったのです。

しばらくは宴会が続き、ザワザワした音が聞こえていましたが、ふと気がつくと、どこかから静かなジャズが流れています。そして、何ともいえない香水の香りが漂っていて……。

「気がついた？」

涼子さんに声をかけられて驚きました。いつの間にか私は、宴会部屋から、涼子さんのプライベート・ルームに連れられてきていたのです。私はソファに寝かせられ、涼子さんは隣のカウチに座って、ジャズを聴きながらブランデーグラスを傾けていました。

「あなた、顔を真っ青にしてたから……。二段ベッドの部屋に運んで、窒息でもされたら大変だから、私の部屋に連れてきたわ」

「す、すみません」

「大丈夫？　気分悪くない？」

「え、ええ……もう、大丈夫みたいです」

「若いのね。うふふ……何か飲む？」

「あ、はい……じゃ、ビールがあれば、いただけますか」

喉が渇いていました。本当は水でも飲んだほうがいいのでしょうか、なんとなく、オトナの女性の前では、アルコールのほうがカッコいいような気がしたのです。

「ちょっと待ってね」

涼子さんはカウチから立ち上がりました。驚いたことに彼女は、ショートパンツ姿です。色白な、スラリと伸びた脚が眩しすぎます。さすがに上半身は、いつものセーターを羽織っていますが……。

「この部屋ね、薪ストーブ入れてるでしょう？　だからすぐ暑くなっちゃうのよ。はい、ビール」

「寒くないスか」

「ありがとうございます」

彼女は、会話ができるようにとの配慮からか、ジャズの音量を下げました。しんしんと静かな、雪国独特の静寂が感じられます。時折、薪のパチパチ……とはぜる音が聞こえます。

「まあ、そっち寄って座りなさいよ」

驚いたことに、彼女は私の座っているソファに腰を下ろし、私の隣にぴったりくっついて座ろうとするのです。私はドギマギしました。

「はい、ビールどうぞ。乾杯しよう！」

「カンパーイ！」

薪ストーブで温められた部屋で飲む冷たいビールの味は何とも言えません。ましてや、隣に細くて長い脚を剥き出しにした、いい女が寄り添っていては……。

「ああ、おいしい！」

彼女はブランデーをおいしそうに舐めています。ほのかにピンクに染まった頬がまた、たまらなくイイ感じです。

「あの、旦那さんは……」

「あいつね、今夜も寄り合いがあるとかって。村で泊まってくるって言ってたわ。どうせどっか女のところじゃないの？　もっとも、どっちにしてもこの雪じゃ上ってこられないでしょ」

「え？　そんなに降ってるんですか？」

「ほら」

彼女は立ち上がり、ソファの裏側のカーテンをめくって見せてくれました。湿気で曇ったガラスをこすり、外が見えるようにすると……確かに凄い雪です。昼間よりもざっと見た感じ、30センチくらいは積もっているようでした。外が静かな訳です。

「ね、君たちも明日、帰れないかもね」

「そうですね……まあ、帰ったところで、別に用があるわけじゃないから、僕はいいんですけど」

「今夜は泊り客もいないし、明日もお客さん来られないかもしれないし。まあ、のんびり飲みましょう。今回もバイト君、たくさん来てくれたけど、間違いなく君が一番かわいかったしね」

ソファに戻ってくると、彼女はさらに私に近づいて座りました。白い脚をぴったりと押し付けてくるような感じです。私のモノは、もう、ビンビンに硬くなってしまっています。ジーンズを穿いていても、よく見ると、そこがほんの少し盛り上がっているのがわかります。彼女はどう思っているのでしょうか……。

「何考えてるのよ?」

「え?　そ、その……いい匂いだなと思って」

「カワイイことというのね。ほら、ビールもっと飲みなさい。何だったら、口移しで飲ませてあげようか?」

からかわれているのだと思いました。私の心臓はもう口から飛び出しそうで、何も言えません。

「ほら、貸してごらんなさい」

彼女は私からビールの缶を奪い取ると、自分の口元に運び、上を向いて少しビールを口に含み、そして……いきなり私の唇を奪って、その中にビールを移してきたのです。私は目を白黒させるばかり。そして、私の一番硬い部分は、もうジーンズを突き破ろうかと言う勢いになってしまいました。

ビールを飲み干すと、私は無我夢中で彼女の唇を割りました。彼女も舌を絡めてきて、そのザラザラした感触の何と素晴らしかったこと！

私はその場に彼女を押し倒しました。そして、……そこで、どうしたらいいのかわからず、止まってしまったのです。彼女はイタズラっぽい目で私を見ています。

「ねえ、もしかして……初めて？」

「……はい」

「こんなおばちゃんでいいの？」

「お、おばちゃんだなんて……。涼子さん、初めて見たときから素敵すぎます。大好きです……」

「そんなこと言ってくれるのあなただけよ。うちの旦那なんかね、もう一年以上も何もしやしないんだから」

「ま、マジっすか」

「どうしようもないわよ、あの男。ねえ、雪国の女なんてね、これくらいしか楽しみがないのにね……」

そう言いながら涼子さんは私の股間に手を這わせてきました。

「うわ、すごいわね。何、これ……こんなに大きくなっちゃって」

涼子さんは私のジーンズのボタンを外し、ファスナーを下ろして……パンツの中から、もうこれ以上大きくなれないくらい大きくなったモノを取り出しました。先っぽが何となく濡れてるのが恥ずかしい。

「ねえ、ハタチだったっけ」

「そうです……」

「そうだよね、ハタチの男の子って……こんなもんだよね」

そう言いながら彼女は、私のそれに頬ずりすると、先っぽにキス。そして、ぱっくりと口に含んで……手でゴシゴシと擦り始めたのです。初めての感触に、私はもう、どうしたらいいのか、わからなくなって……。ほんの1分も経たないうちに、彼女の口の中に暴発してしまったのです。

「う……うわ……」

「す、すみません」

「いいのよ、初めてですもんね……そのままにしていて」

彼女は、私をそのまま口の中に入れて、精液をごくり……と飲み干すと、そのままずっとしゃぶり続けました。ペロペロ、ペロペロ、ピチャピチャ、ピチャピチャ……淫らな音を立てて舐め続けるうち、私のそこは、すぐにまた大きく、硬くなっていきました。

「気持ちいい？」

「最高です……たまんねっす……」

「おっぱい、触ってみる？」

「いいんですか」

「もちろんよ。ほら、どうぞ……」

セーターを脱ぐと、ブラウスの下に、さらにくっきりと胸の形が浮かび上がります。そしてボタンを外すと……ピンクのなまめかしいブラジャーに包まれた胸が、もう私の目の前に。

「外してみたい？」

私は無言で頷くと、彼女の背中に手を回しました。彼女は、私がそれを外しやすいように体を傾けてくれて……。そして、見事な形の胸が姿を現しました。私はどうしたらいいのか……またわからなくなりましたが、本能に命じられるまま、左側の乳房に手を沿え、美しいピンク色の乳首に唇を這わせました。

「ああ……いいわ……上手よ……もう感じてきちゃったわ」

彼女は腰を浮かせると、自分でショートパンツとパンティを脱ぎ捨てました。そして、真っ黒なヘアに覆われた割れ目の真ん中に、私の手を誘うのです。しっとりと濡れたその部分は、私の想像を超えて熱く、そしてピクピクと小刻みに動いています。彼女が私の耳元で囁きます。

「指、入れてみて……そう、そう……ああ、いいわ……」

初めての感触。濡れていて、でも柔らかくて、でも硬くて……一つだけ確かなのは、そこで私の指が動くと、彼女がとても気持ちがよくなるのだ、ということ。

「ねえ、見てみたいでしょう」

私は彼女のオッパイから顔を離し、「さあ、ゆっくり見て」と、大きく脚を拡げた彼女の股間をじっと見つめました。ポルノ雑誌や無修正ビデオで見たことはありますが、ホンモノはやっぱり……全然違っていました。何より熱気があり、そして何とも言えない卑猥な匂いがします。この中に、自分のアレが入るのか……と思うと、不思議な感じがします。

「ねえ、キスして」

ちょっとした怖さもありましたが、私は彼女に請われるまま、そこに顔を埋めました。グショグショに濡れたその湿気が、私の顔を濡らします。無我夢中で舌を伸ばして、唇で吸って。

「ああ、いいわ……上手よ……たまんない……」

私が動くと、彼女が背中をのけぞらせ、そしてピクピク震えます。さっき一回イッたばかりなのに、私のモノは、もうすっかり準備を整えてしまいました。

「ねえ、入れて……正面から、入れればいいのよ」

「あの、でも……」

「大丈夫、今日はね、しても、大丈夫よ。それとも病気が心配？」

「いえ、そ、そんなことは……」

「安心して。ねえ、うんと、気持ちよくしてあげる」

私は彼女に導かれるまま、腰を少しずつ前にずらしていきます。先端部が、彼女の敏感な部分に触れると、彼女が「あン……」と甘い声を出してのけぞるのが、ちょっとしたオドロキでした。自分も、女性を悦ばせることができるのだ……。そんな思いが自信を生みます。

「手を添えて……そう、ぐいっと。あ……入った」

腰をぐい、と突き出すと、スルスル……と、私のモノは、すっかり彼女の中に収まりました。何と気持ちがいいのでしょう。四方八方から包まれ、刺激されて、それだけでもたまらない感じです。

「動いて……最初はゆっくりね、ゆっくり……そう……ああ、いいわ」

彼女は私の手に自分の手を絡ませました。そして、私が焦って早く動こうとすると、その手をきつく握って、「ダメ、まだ、ゆっくり……ゆっくり……」と、私を抑えようとするのです。

一刻も早くイキたがる私をなだめ、じっくり快感を楽しもうとする彼女。そのイキそうでイケない何とも言えない感じを味わわされて、もう気が狂ってしまいそうな快感を経験させてもらっている私……。

それでもそのうち、彼女の目がトロリとしてきて、私をなだめようとする動きがだんだん消えていって……。そして私は好きなように腰を動かせるようになって。

「ああ……ああ……凄い……凄い……きて」

「いく、イク……」

「きて、きてエエ！」

彼女が絶叫して体をのけぞらせると共に、私も彼女の中で思い切り射精……。後から考えれば、これが「童貞喪失」の瞬間、ということになるのでしょうか。でもその時はもう、無我夢中で、何の感慨もありません。

私はそのまま、彼女の体の上に倒れこみ、見事な胸の感触を心行くまで楽しませてもらいました。

喉が渇いたので、テーブルに手を伸ばし、残っていたビールを口に含みます。彼女から離れるとき、その割れ目からさっき私が放った精液がトロリ、トロリ……と滴り落ちてくるのに驚きました。私が慌ててティッシュを取り、その部分を拭うと、彼女は「ありがとう……」と、息も絶え絶えな声。

「イッちゃった、ホントに気持ちよかったよ……」

ハアハア言う彼女の胸が上下に揺れるのが、なんとも刺激的な眺めです。私はまた硬くなっていきました。

「少し寒くなってきたね。ストーブに薪、くべてくれる？　その前にあるでしょう」

私は彼女に指示されるまま、薪を投げ入れました。確かに、外は氷点下10何度という世界で、いくら暖房が入っているとはいえ、全裸でいると、しんしんと寒さが伝わってきます。

ストーブの前には、小さなカーペットが敷いてあり、そこに座って暖を取っていると、彼女がやってきて隣に腰を下ろし……そして、私の股間に手を伸ばします。

「あらあら……すごいわね、ハタチって。もうこんな」

「それは……涼子さんが素敵だから」

「言うじゃないの？　ねえ、そこに仰向けになって御覧なさい」

私は命じられるまま、その小さなカーペットの上に仰向けになると……。何と彼女が私の体にまたがるようにして、また硬くなったモノに、まださっきの精液が滴り落ちてくるようなアソコを、ズブブブ……と挿入してくるではありませんか。その感触の何とも甘美なことといったら……。

「ねえ、ゆっくり楽しませてもらうわね」

短めの髪の毛、そして大きなオッパイをユサユサと揺らせながら、彼女は私の上になって腰を前後左右に激しく動かします。その一つ一つの動きが、私をたまらなく刺激して……。

「ねえ、オッパイ握って」

腕を伸ばして胸を握ります。柔らかくて、弾力があって……。この世に、こんなに握って気持ちのいいものがあるのでしょうか。対照的に、乳首は、硬く盛り上がって、私の手のひらをコリコリと刺激してきます。

「ああ、いい、いい……イクぅぅぅ！」

彼女の絶叫に刺激されて、私もまた……発射。腰をぐい、と突き上げると、彼女も背中をのけぞらせたまま、そのまま私から離れ、床の上へと落ちていきます。顔を起こしてみると、また、その股間から、大量の精液がポタポタとカーペットの上へ滝のように流れ落ちて……。

いつの間にかCDは終わったようで、部屋の中に聞こえるのは、パチパチ……というストーブの音だけ。そして彼女のハアハア……という吐息が、少しずつ静かになっていきました。

●なんくるないさぁ……と、男を受け入れる私って、やっぱり『ヤリマン』かしら？

打ち寄せる波は私が次々と咥え込んだ男たちの夢の跡

【投稿者】上原彰子（仮名）／26歳／ダイビングインストラクター

もともと沖縄は大好きな土地でした。子どものころ、両親に連れられて初めて訪れてから、すっかりその自然に魅せられてしまって……。

学生時代に、休みごとに通ううち、言葉もすっかりウチナーがしみついてしまった私。そのうち現地のサラリーマンと仲良くなり、こちらで暮らすのも悪くないか……と、彼のプロポーズを受け入れて結婚。望みどおり、海の見える土地での、楽しい毎日が始まった……はずだったんですけど。

もともと、こちらでも、私に言い寄ってくる男はたくさんいて、言って見れば「よりどりみどり」的な状態ではありました。でも、ご存知かと思いますが、沖縄の男性って「てーげー」って言うか、悪く言えば、どこか「いいかげん」な人が多くて。やっぱり都会で育った私にしてみれば、遊ぶにはいいけど、結婚相手として考えるとどこか「物足りない」人が多かったんです。

でも、今の夫は、沖縄では誰もが知っているような大企業のサラリーマンで、沖縄生まれの沖縄育ちではあるのですが、「ゼッタイ、内地から移住してきた人でしょう？」と言われるほどの堅い人物。

年齢は10歳以上年上なのですが、夫にするならこういう人がいいのかな、と思って結婚しちゃったんです。

でも……。

彼、本当に堅物で。まあ、そこが良くて結婚したんだろうと言われればそれまでなんですけど、結婚して二ヶ月も経たないうちに……飽きちゃったんです。

セックスも、最初のうちは熱心で、一晩に何度もってこともあったんだけど、もともと淡白なタイプらしくて、だんだん間遠になって。結局、もう2年ほど(結婚しても3年くらいなんですけど)セックスレスなんです。なんだかなあ、という感じ。離婚も考えたんですけど、理由もないし、生活は安定してるから何の不満もないし、なんだか宙ぶらりんな感じで。

せめて子供でもいれば、気も紛れるのでしょうが、いまさら子作りを目的にセックスをする気にもなれません。

「働きに出てみようかと思うんだけど」

私が言い出すと、夫はあっさり了承してくれました。彼は彼で、私が退屈しているのを気にかけてくれていたようです。

私が選んだ仕事は、ダイビングのインストラクター。

もともと、海が好き、ダイビングが好きで沖縄までやってきたような私。学生時代に、インストラクターのライセンスも取得していたので、やるならこれしかない、と考えていたのを実行に移したのです。

体を動かすので、お酒もご飯もおいしいし、ダブついていたお腹も絞れて、一石二鳥。私は文字通り「水を得た魚」のように、ウキウキした毎日を過ごすようになったのです。

そんな時に現れたのがマサシでした。彼は、本土からやって来た大学生で、夏休みを利用して沖縄にダイビング体験に来ていたのです。

「ねえ、彰子さんて彼氏いるの？」

ダイビングの合間に、何気無くこんな言葉をかけてきたマサシ。

「彼氏？　いないけど、夫ならいるさあ」

「えー？　その若さで、旦那もち？」

「残念でした」

「ねえ、旦那いてもいいからさ、俺と遊ばない？」

初日からこんな言葉をずっとかけてくる彼。顔立ちはかわいいし、日に焼けた体も魅力的で、私も悪い気分ではありません。

彼の担当についた最終日の夕方。ちょうどその日は、夫が出張で本土に出かけているので、私もついつい、

「じゃ、今夜、軽く飲みに行く？」

と、声をかけてしまったのです。

ほとんど人気のない、海岸沿いの軽食堂で、オリオンビールを飲みながら世間話。彼がエロ話などするものだから、私もついつい、

「うちねー、もう2年もセックスレスなのさー」

「本当？　信じらんない。こんないい女を」

「でしょ？　ひどい話よね」

「彰子さん、好きなんでしょ」

「何を」

「アレ」

「セックス？」

「うん」

「好きよ」

「じゃ、俺としようよ」

ぐらっと来ました。本当に私、誰でもいいからしたかったんだなって、その時、初めて気がついたのです。

「どこでもできる？」

私は、彼と、今までにない経験がしてみたくなりました。

「もちろん」

「海辺でも？」

「いいねえ、彰子さん。そういうシチュエーション、俺、得意だよ」

私たちは、その店でレジャーシートを買い入れ、海辺に行きました。オリオンビールの6本入りも、一緒に買って……。

「ここまで来れば、誰も来ないわよ」

シートに腰を下ろすと、すぐマサシが腕を回してきます。そして彼の唇が私の唇に重なって。舌と舌を絡めるうち、私は仰向けに寝かされ、その上に彼が覆いかぶさってきました。もどかしいように、私のブラを外す彼。

「オッパイ、小さいでしょ」

「これぐらいが感度がいいんだよね」

「あ……」

コリ、と、彼が私の乳首を噛むと、痛いような、むずがゆいような快感が、すぐに私の背中を突き抜けていきます。

彼が、ショートパンツの下から指を差し入れてきました。ショーツをずらして、もう濡れ始めているそこに、節くれだった指が、一本、二本……。

「いいわ……ああ……素敵……」

思わず、口から喘ぎが漏れていきます。

ドーン！　ドーン！　すぐ近くで潮騒の音。もう引き潮の時間だから、このあたりまでは来ないでしょう。

手を伸ばして彼の股間に触れます。まだジーンズを穿いているけれど、もうそこはギンギンに硬くなっていて……。私は、一刻も早く、生のソレに触れたくてたまらなくて。

「ねえ、脱いで」

彼がもどかしいようにベルトを外し、ズボンと下着を一気に取り去ると、そこには夕空の方向を指す矢印のように、赤黒く、充血したペニスが……。

「こっちに来て」

彼を招き寄せると、私はそれを口に含みました。2年ぶりの男根、ああ、こんな味だったかしら。そもそも私は、夫のものをこんなに愛したことがあったかしら？　なんだか記憶もあやふやになってきています。

ぴちゃ、ぴちゃ、淫らな音を立てながら、私はマサシのそれを、舐めて、吸って、舐めて、吸って……時には軽く歯を立てて。

そのたびに「あ！」と、体を震わせて感じるマサシが、かわいくてかわいくて、仕方がありません。

不思議なことに、しゃぶっているうちに、その物体は、さっき目の前で見たより、一回りも二回りも大きくなっていくような気がしました。口から引き抜いてみたら、本当に……さっきの倍以上？

「こんなの入らないさあ」

「そんなことないよ。入れてみる？」

「うん」

　私はすっかり全裸になり……。彼にされるがまま、大きく脚を拡げられると、彼が真上から、さっきのアレをぐ、ぐ、ぐ……と。

「あ！」

　2年ぶりの挿入。セックスって……こんなにイイものだったかしら。私、どうして2年も、こんなにイイことしてこなかったのかしら。

　彼がほんの少し動くだけでも、凄いキモチイイ！　激しく動かれると、もう、どうしようもなく、体が痙攣してきて……。

「あ、ダメ、イッちゃうよ〜！」

「もう？」

「ねえ、一緒にイッて！　お願い！」

激しく腰を動かす彼の下で、私はもう青息吐息。それでも、彼がイクまでは、もうどんどん高まっていく快感に、おかしくなってしまいそうになりながらも、なんとか意識を保っていました。

「あ……イクよ！」

彼が私から離れると、すぐに「どぴゅ！」と音がして（本当に音がするものなんですね……）、生温かいザーメンが、顔にかかってきました。

「素敵……」

私は、そう呟いたのを覚えています。その後、一瞬、本当に意識を失いました。

それから何分かして、彼が必死に私のアソコをぴちゃぴちゃと舐めているので、もう一度意識を取り戻しました。

「気持ちいい……」

それから真夜中過ぎまで、人気のないビーチで、彼のザーメンを、何度顔にかけられたことでしょう……。

いったん歯止めがなくなってしまうと、もう私の欲望は留まることがありませんでした。

インストラクターをしていて、男に声をかけられると、十回のうち、八回？　九回？

……もう、すぐに、しちゃうようになっちゃって。

深い海に、二人きりで潜っていると、なんだか相手との間に、奇妙な一体感が生まれてくるものなんです。その直後にセックスすると、快感が何倍にもなるということに、私はすぐに気がつきました。

室内とか、ホテルに入ったこともあります。

でも、やっぱり、一番気持ちいいのは、野外。

砕ける波の音を聞きながらの、海辺でのセックスは格別です。やっぱり、沖縄に移住してきてよかったな、と、心から思えるのです。

そのうち、馴染みになったお客の男とは、昼の休憩時間にも、寸暇を惜しんでセックスするようになりました。

たとえば、消防士の幸夫。

非番の日になると、必ず潜りにやってくる彼とは、すぐに仲良くなり、いろんな場所で……するようになりました。消防士って、やっぱり、みんな凄い体してるんだけど、幸夫はそれに加えて、アレが人並みはずれて大きい。マサシと最初にした時、こんな大きいの無理だなと思ったけど、あんなものじゃないんです。なんていうか、台湾バナナと南米バナナくらいの差って言うか。

ダイビングをやっているお陰で、海岸線にはずいぶん詳しくなっているので、昼間から何をしてもゼッタイに分からないような砂浜も知っています。陸上からは行けない場所でも、船で近づいて上陸し、そこでたっぷり……楽しむのです。

「彰子さん……」

彼の情熱的なセックスは本当に凄い。何が凄いって、してる間中って言ってもいいくらい、ずーっとキスしてくれるんです。最初はソフトに。そして、イキそうになってくると、アレをズコズコ、四方八方に動かしながら、舌も激しく絡めてきてくれて……これが本当にキモチイイ。

岩窟に囲まれたこの砂浜は、私たちの天国でした。

いつもは、ビーチにシートを敷いて、その上でやるのですが、その日、うっかりして船に忘れてきてしまったのです。

シートなしでやると、アソコに砂が大量に入り込んで、大変なことになるので、

「取ってこようか」

と、私が言うと、幸夫はニヤリと笑って、

「彰子さん。大丈夫さあ」

と、一言。

彼は、いつもの砂浜から、少し離れた岩場へと私を連れて行くと、そこで唇を合わせてきました。

「こんな所で?」

「おもしろいさあ」

彼が私の胸を揉みしだきます。

「ああ……素敵」

そして、その時身につけていたビキニをすべて脱がされて全裸になると、彼も海パンを脱ぎ捨てました。大きくなったアレは、真上を向いて……。それこそ、みぞおちのあたりまで先っぽが来るくらい、それくらい大きな「アレ」なんです。

私が思い切り咥えても、まだ3分の1くらいは咥えきれないほど。でも、私、この「アレ」が本当にいとおしくて、いつも、心行くまでしゃぶらせてもらうのです。

でも、ここでは、しゃがんでしゃぶるしかできないので、すぐに息苦しくなって。

「ああ……気持ちいい。彰子さん、いつも凄いね」

「ごめん、もうしゃがんでるの、限界」

「いいさあ。今度は俺がやるさあ」

彼は、私に岩場に手をつかせるようにして立たせ、そして脚を少し拡げさせました。私のアソコは、もう興奮して、液体が滴り落ちて。白い砂浜の、私のアソコの下の部分だけが、湿り気を帯びて黒っぽく色が変わっていきます。

「行くよ」

私の中に彼の指がぐい、と入ってきました。ぴちゃ、ぴちゃ、ぴちゃ、ぴちゃ……と、淫らな音を立てながら、彼の指が私の中を行ったり来たりします。

「あ、そこ……」

一番感じるあの部分を、指先にツンツン……と刺激されると、私はもうたまらなくなって、そこに崩れ落ちてしまいそうになります。でも、前は岩場、下は砂浜……どんなに気持ちよくても、そこに寄りかかったり、横たわったりすることはできないのです。その辛さが、さらに快感を高めるということを、私はこの時、初めて知ったのです……。

「ああ……もうダメ」

「まだまだ、これからさあ」

彼は、私が限界に近づくと、スピードを緩めます。そして、また持ち直すと、またスピードを上げて……イキそうなのに、イカせてくれない。こんな生殺しみたいなセックス……たまりません。

「ああ、あああああ！」

まだ指でしか、いじられてないのに、もう凄まじい快感に酔わされて。波の音と風の音しかしない、静かなビーチに、私が自分で聞いても（エッチすぎる……）と思ってしまう、淫らな喘ぎ声が響きます。

「そろそろ、入れてもいいかな」

「来て、来て、お願い……」

彼は私の腰をぐいっとつかみました。

そして後ろから、少しずつ近づいてきて……。

先っぽでアソコに触れるのですが、そのままグイ……っと入ってこない。引き返して、また触れて、また戻って……。またまた生殺し。

そうこうするうちに、私のアソコは、もうぐしょ濡れになって、まるで滝のように、ラブジュースが後から後から……。

「お願い、もう、来て。入れて、あなたの、おっきいの」

「入るかなあ」

「大丈夫だから、早く、早く、お願い……」

とうとう彼がグイ、と腰を前に一歩進めて、私の中に挿入ってきました。

「ああ、凄すぎる……」

私はもう何も言えなくなってしまいました。これからどれほど続くのかわからない彼の責め。想像するだけでも、体がドロドロに溶けてしまいそうなのに、それが現実となって、私の上に降りかかってくるのですから……。

最初はゆっくり、ぐい、ぐい……それからスピードを上げて、グイグイグイグイ……。立ったまま、後ろから、こんなに突かれるなんて、生まれて初めて。

「ああ、ああ、イイ……」

「まだまだ……」

そのまま私たち、どれくらい繋がっていたのでしょう？　私は次々に襲い掛かってくる快感に、眩暈を覚え、失神しそうになるのですが、私がそんな風になるのを見てとると、彼は少しスピードを落として。

「いいわァ……」

もう声もかすれて、何が何だかわかりません。

「今度はこれだ」

腰が抜けそうな私を、彼は正面から抱きしめてくれ、今度は私の手を彼の首に回させると、私をぐい、と抱え上げ、宙に浮いた状態でまた挿入したのです！

「駅弁、好きか？」

「あんまり食べたことない。でもこの駅弁は大好き！」

このスタイルだと、彼の巨大なアレに貫かれると、本当に私のアソコが裂けちゃうんじゃないかと思うくらい。気持ちよすぎるんです。

「ああ……凄い……」

なんだか私の全身が杵になって、お餅をつかされてるみたいな。お餅は、彼の、アレ。熱くて、硬くて……男の匂いがして。

最後は、もう一度、岩場に手をつかされて、また彼が後ろから。でも、彼もかなり興奮してるから、さっきみたいに焦らすことはなく、今度はストレートに、すぐにグイグイって。

「ああ、ああ……凄い……」

「彰子さん、イク、イク……」

「来てえええ！」

まるでケダモノのオスとメスのように、私たちは二人で絶叫。その叫びが重なるのを聞きながら、彼は私から離れ、そして一秒後。凄まじい勢いで、ザーメンが私の尻に降りかかってきたのです。それも、後から、後から、際限もなく……。

私たちは、這うようにして船にたどり着くと、なんとか這い上がって、ようやく腰を下ろすことができました。サスガの彼も、この立ったままのセックスには、かなり疲れたみたい……。

真っ青な沖縄の空の下、波の音を聞きながら私たちはしばし、まどろみました。でもまたすぐ、私は、目の前にある、彼の「アレ」が気になって、ついイタズラを始めてしまうのです……。

●旧家に御用聞きで出入りする男が受けた注文は、若奥様からの肉棒挿入依頼だった！

私の愚息がアソコに欲しいと懇願する憧れの奥様……

【投稿者】宮本明（仮名）／33歳／書店員

私は、S県の歴史ある城下町、K市で、古くから続く書店の家に生まれました。大学を出た後、東京の大きな書店に修業に出た後、故郷の街に戻り、父の下で働き始めました。

このK市で、いちばん大きな家というのが、村上家です。本家の跡取りである義夫さんは、医大に進み、国家試験に合格すると、広大な屋敷の一画に医院を建てて、開業しています。

私の家は、古くから村上家に出入りしていた関係もあり、2年前に義夫さんが地元のホテルで盛大な結婚式を挙げた時、披露宴に招待されました。私はそこで、花嫁の美奈恵さんに初めて出会ったのです。

義夫さんは、どちらかといえば、ずんぐりむっくりな体型で、風采の上がらない感じですが、ところが美奈恵さんは、背が高く（もしかしたら義夫さんよりも高いかもしれません……)、手足もスラリと伸びて美しく、このK市を隅から隅まで探しても、ちょっとお目にかかれないのでは……というほどの美人なのです。ウエディングドレスの大きく開いた背中の、その真っ白な美しさに、私は思わず欲情してしまったことを、告白しておかなければならないでしょう。私は一目見た途端、美奈恵さんの虜になってしまったのです。

ところが、驚いたことに、結婚式の翌日から、美奈恵さんは、うちの店に現れたのです。入ってくるなり、後光が差してきたような感じで……。あ、美奈恵さんだ、と、私はすぐにわかりました。声をかけようか、どうしようか、悩んでいたら、驚いたことに向こうから話しかけてきたのです。

「こんにちは。あの、×××という作家の新作、ありますか?」

何という美しい声でしょう。私は、うっとりすると共に、また彼女が挙げた名前に驚かされました。

それは中南米文学の巨匠といわれている作家で、こんな田舎の街の本屋では、めったに見かけることのない名前です。

実際の所、うちの店でも仕入れるかどうか、父と少し議論になりました。「そんな作家うちじゃ動かないから、やめておけ」という父に「いや、この街でも文学好きな高校生なら絶対に買うはずだから」と私が説き伏せて、とりあえず棚に置くことになったのですが、まさか、この美奈恵さんが、その本を探していたなんて……。

「ありますよ。その棚の、真ん中辺にあると思います……」

「えーと……あ、本当だ、どうもありがとう。これ読みたかったのよ……」

「あ、あの……美奈恵さんですよね。昨日、披露宴に出席させてもらいました」

「あ、そうなんだ……どうもありがとうございました。私、こっちに来たばかりで、何もわからないのよ。とりあえず義夫さんは仕事があるし、何となく手持ちぶさたなので、本でも読みたいと思って。でも、こんな田舎で……あ、ごめんなさい。でもね、今どき、東京だって、これだけいい本の揃っている本屋さん、なかなかないわよ」

「ありがとうございます。うちは、昔からやっている老舗なので……。一応、文学関係は幅広く揃えてあるつもりです」

「ちょくちょく寄らせてもらうわ……えーと、すみません、お名前は何とおっしゃったかしら？」

「明です。宮本明」

「明さん。そう、これからもよろしくね」

「こ、こちらこそ……」

「配達もしてくださるの?」

「もちろんです。お電話いただければ……」

「わかりました。じゃ、今日は、これ、いただいていくわね」

私はドキドキしながら、その本にカバーをかけました。手が震えているのを、美奈恵さんに悟られやしないだろうか、と、そればかりが不安でした。

驚いたことに、美奈恵さんは、言葉をたがえず、それから毎日のように店に顔を出してくれるようになりました。5冊、6冊とまとめて買ってくださり、お宅まで届ける機会も増えました。配達に伺うと「少し上がっていけば……」と、お茶やお菓子を出してくださったり。前かがみになってお茶を注ぐ瞬間、豊かな胸の膨らみがチラリと覗いたり……。それは私にとって、本当に夢のような時間だったのです。

そして、その盛大な結婚式から、1年ほど経ったある日のこと。

私は、いつものように配達を頼まれ、美奈恵さんの家へ出かけていきました。その建物は、表側が病院になっており、裏に回ると住居の入口があるのですが、私がその住居の入口に近づいていくと、いきなりドアがバタンと開きました。何事かと思って、反射的に物陰に身を隠すと、中から義夫さんが慌てた様子で飛び出してきたのです。様子を見ていると、どうもタダゴトではないようです。

（出直してこようかな……）

そうは思ったものの、私は好奇心には勝てず……。ピンポン、と、インターホンを押してしまったのです。

「はい……」

美奈恵さんの、なんだか憂いに満ちた声が聞こえてきました。

私が名前を告げると、彼女は一瞬ためらったものの「ええと……あの……どうしようかなあ……いいわ、入って」と、玄関を開けてくれたのです。

「すぐお暇しましょうか」

出てきた美奈恵さんは、なんと髪の毛が乱れ、洋服も慌てて身につけたかのような様子で、なんとも艶っぽい。これは長居はできないな、と、玄関先で立ち去ろうとすると、意外なことに「明さん、いいじゃない？　ちょっと上がっていきなさいよ」と、応接間へと誘うのです。

私はもちろん、遠慮なく、その誘いに乗って、中へと入って行きました。すると、なんだか美奈恵さんの足取りが危なっかしい。もしかしたら、少し、アルコールが入っているのかもしれません。

応接間に着くと、案の定、そこには高級ウイスキーのボトルとグラスが置いてありました。彼女はけっこう酔っているようで、ソファに座ると、すぐにボトルを取り上げてグラスにグビビと注ぎ、ストレートのままでそれをククク……と一気に飲み干したのです。

「ほら、明さん、あんたも飲んで」

「は、はい……」

勧められるままウイスキーを口に含みました。こんなに強い酒をストレートで飲んでいるなんて……。

そして彼女は、問わず語りに、驚くべき話を語り始めたのです。

「最低なのよ、あの男」

「あの男って……義夫さん？」

「そう。人はいいし、お金もいくらでもあるし。もちろん優しいし、私、付き合ってるときはホントに幸せだったのよ。この街に来て一緒に暮らしてくれたら、絶対に不自由はさせないからって。そんなこと言える男、そうはいないわよね」

「それは……この街で村上の本家の跡取りといえば、凄いですから」

「そう、確かに、暮らしで不自由するってことは、まず、ありえない。でもね……女ってそれだけじゃないのよ。わかるでしょう」

「は……はい……」

「真っ昼間からしゃぶれ、口でイカせろなんて……そりゃあの人はいいわよ、それですっきりするんでしょうから。でもね、それがもう、このところ、毎日、毎日なのよ。夜は何にもないくせに……。私はいったいどうすればいいの？　そんなことしたいんだったら、ダッチワイフでも使えばいいのよ。そう思わない？」

そう言うと、美奈恵さんは、いきなり私の股間に手を伸ばしてきたのです。さっきからの彼女の話に、すっかり勃起してしまっていた私は不意をつかれ、逃げ出すこともできませんでした。

「私は欲しいの、これが。口にじゃなくて、ここにね……」

美奈恵さんは、脚を拡げ、ロングスカートをまくり上げました。驚いたことに、彼女は下着をつけていませんでした。真っ黒の恥毛が広がり、その下には湿り気を帯びた美しいピンク色の谷間が広がっています。

もしかしたら……私は、彼女と、今、できるのかもしれない。そう思うと、興奮は極致に達して、ほんの少し触られただけでも暴発しそうな感じがしたのです。

「明さん……ねえ、私ね、嫌なの、こんな風にモノみたいに扱われるの。私は女としてちゃんと愛されたいの。これが欲しいの。ねえ、いいでしょう、触らせて……」

美奈恵さんは明らかにひどく酔っているようでした。それでも、私は、構いません。最初に出会った時から憧れていた人と、肌を触れ合い、そして、淫らな欲望を達成することができるのですから……。

彼女は私のズボンを脱がせ、大きくなっているペニスをもどかしそうにぐぐ、と握りました。

「ああ、これよ。硬くて、大きくて……もうずいぶん、こんな素敵なもの……」

そう呟くと、彼女は私をソファに仰向けに寝かせて、右手でペニスを握りながら、私にまたがって、腰を少しずつ下に下ろしてきました。しっとり濡れた肉の裂け目が、私の一番敏感な部分を刺激します。彼女はしばらく、その入口のあたりで私を楽しませてくれ、それから腰をぐぐ……と一気に落として、私のペニスを根元まで自分の中に押し込みました。彼女の陰毛がチリチリと私のペニスの回りを刺激します。何とも心地よい痛みが私を刺激します。ペニスはすっかり彼女に包まれて、クイクイと締め付けられ、すぐにでも達してしまいそうです。

しかし美奈恵さんは、そんな私には一切構わずに、自分から腰をグイグイと回し始めました。その激しすぎる動き！

私にしても、女性経験がないわけではありませんが、ここまで自分から激しく男を求める女性に出会ったのは初めてで、何が何だかわからないまま、彼女にされるまま。物凄い締め付けと、感じる部分を上下にシェイクされて、私は不覚にも、すぐに達しそうになってしまったのです。

「み、美奈恵さん……俺、もう……」

「いいわよ、大丈夫だから、出しちゃって」

『出しちゃって』という甘い囁きに、その瞬間私はもう我慢が出来ず、彼女にされるがまま、その熱く濡れた蜜壷の中に、思いきり射精してしまったのです。

「あ、ああ……美奈恵さん……」

「来てるわ、来てるわ、いいわ、もっと出して、もっと、もっと……」

彼女は自分の胸を揉みながら、体を思いきりのけぞらせ、私を締め付ける力をさらに強めてきました。ああ、もう、私は、最後の一滴まで搾り取られるような感じがして、幸福の絶頂で彼女の喘ぎを聞き続けました。


「ねえ、明さん。明さん！」

私はしばらく放心状態になっていたのですが、耳もとでもどかしげに囁く美奈恵さんに地上に引き戻されました。

「義夫さんは、診療に行ったから夜まで戻ってこないわ。ねえ、こっちに来て」

彼女は、私を小さな部屋へと誘いました。そこには、机と、小さなベッドが置かれ、壁に置かれた本棚には、この一年、私が彼女に売った本も含めて、古今東西の文学書が所狭しと詰め込まれていました。

「ここは私の部屋なの。夫婦の寝室は嫌でしょう？」

呆然とする私の目の前で、彼女は手際よく服を脱いでいきました。白い背中、形のいい大きな胸とピンク色の乳首、濃厚な陰毛とその内側の湿り気を帯びた部分……そこからはさっき私の体内から飛び出した精液がほんの少し、漏れ出しているようです。

「嫌だわ、そんなに見つめないで。恥ずかしいじゃない？」

「だって……俺、ずっと憧れていたんですよ、美奈恵さんに……そんな憧れの人が、目の前で裸に……」

「私も貴方のこと、ずっと気になっていたのよ。ねえ、これからも、時々、こうやって……二人で楽しみましょう」

彼女は私に服を脱ぐよう促します。私はさっきエネルギーを使い果たしてしまって、ほとんどフラフラしながらなんとか全裸になりました。すると彼女は、楽しそうに笑いながら、まだフニャフニャしている私のペニスを舌先でペロペロと舐めてきたのです。

「あ……」

その舌遣いの何と繊細なこと……。

時には指や掌まで使いながら上手に刺激されて、私は自分でも信じられないほど、すぐに回復して……。

静かな部屋の中に、ちゅぱ、ちゅぱ……という淫らな音、そして時々切なそうに喘ぐ美奈恵さんの声。

「ほら……もう大丈夫でしょう?」

私は、頭を起こして自分の股間を覗き込みました。

(これが……俺?)

そこに見えたのは、まるでAVに出てくる男優のモノのように、大きく反り返ったペニスでした。こんなに大きくなるなんて……本当に好きな女性と実際にできる時って、男というのはこんな風になるものなのでしょうか。

「ああ、素敵よ……」

美奈恵さんはそのまま、私の顔をまたぐようにして、ペロペロと私を舐め続けました。そして「うふふ……」と笑いながら、私の顔の上に、ぐっしょり濡れたアソコを押しつけてきたのです。精液の匂い、そして女性の分泌液の匂い、本当にいろんな匂いがそこからは漏れ出して、普通の時だったら顔を背けてしまうかもしれません。

でも、この状況では、私は、そこに喜んで顔を埋め、美奈恵さんの恥ずかしい部分を心ゆくまで味わわせてもらったのです。

ぴちゃ、ぴちゃ……。

舌を小刻みに震わせると、その動きにつれて彼女も「ううン……」と悶えて、そして

その悶えが、またダイレクトに私のペニスに伝わってきて……もうどうしたらいいの

かわかりません。ただひたすら快感に酔うことしかできないのです。私の顔は、あっ

と言う間に彼女の中から溢れてきた液体でぐしょぐしょに濡れてしまいました。

「よかったわ、私、この街で、明さんに巡り会えて……」

「俺だって……美奈恵さんとこんな風になれて。生きてきてよかった」

「ねえ、もっと舐めて。しゃぶって、お願い……私のオマ◯コ……」

そんな淫らな言葉が、あの上品な美奈恵さんの口から飛び出すなんて。私の興奮は

一層高まり、さらにペニスが大きく成長したような気がします。もしかしたら彼女は、

自分の言葉が、私を奮い勃たせることを知っていたのかもしれません。

「ああ、凄いわ……ねえ、頂戴」

彼女は私の顔の上から、ベッドの上へと移動して、自分から大きく脚を開いて見せ

ました。仰向けになると、ぷるん、ぷるんと胸が震えて、これもまた、たまらない眺め

なのです。

私は、もう、何も考えることはできませんでした。ただ、本能に導かれるまま、自分のペニスを握り、それを彼女の、さらに熱くなったアノ部分へと、力一杯突き立ててやったのです。

「う……ぐ……」

「はァ……！」

あの上品な若奥様が……この街いちばんの大富豪の夫人が……私に組み敷かれ、大きく脚を開いて、快感に喘ぎ、顔を歪めているのです。夢ではないか？　私は顔をつねってみましたが、痛い。私を締め付けてくる彼女のアソコの力も本物です。

くい、くい、……。

私はただ、ひたすら、腰を前後に振り続けました。私の一つ一つの動きに、彼女は切なそうに顔を歪め、息を切らし、そして背中に爪を立てて、どんなに自分が感じているのかを伝えてきます。

「いいわ、いいわ、もっと！」

彼女はまだまだ満足していないようで、私にさらに激しく動くよう促します。私も、そんな彼女に応えようと、必死に腰を振り続けます。

「ああ、ああ、……いいわ、そう、ああ、もう……イキそう、イキそう……ねえ、イッてもいい、明さん、イッてもいいの？」

「いいよ……イって……」

「ああ、イク、イク、一緒に、ねえ、お願い、ああ……」

仰向けになったまま背中をのけぞらせ、そして皮膚が破れそうなくらい、爪を激しく突き立ててくる彼女に応え、私も最後の力を振り絞って、中へ、深く……。

「うっ……」

「ああ……」

白目を剥いて喘ぐ彼女の中で、私も射精。快感が背中を走り抜け、同時にすべての力が失われ、私は彼女の上にくずおれました。柔らかな胸の感触がどこまでも気持ちよく、私たちは緩やかに抱き合ったまま、幸福な時が過ぎていくのを感じていました。

●父娘きりで暮らしてきた二人、突然のリストラ遭遇に娘の父に対する愛情が暴発した!

リストラされた父を励ます献身娘の倒錯した性愛衝動

【投稿者】東山みどり(仮名)/21歳/大学生

母が10年前に家を出て、どこの誰ともわからない男と駆け落ちして以来、私は父と二人で生きてきました。時にはうんざりすることもありました。でも、とにかく私を育てなければ……という父の真剣な思いは伝わってきて。今では、本当にどんなに感謝しても足りないような、そんな気持ちでいます。

ところが、そんな父が……失業してしまったのです。

その夜、帰宅を待っていると、珍しく酔った様子で家に上がり込んで来た父。

「お父さん、お帰りなさい……あら、どうしたの、もう飲んでるの。珍しいわね」

「みどり……俺……会社クビになっちまった。リストラされたんだ……」

「えーーー!」

私も驚きました。父はまだ45歳、これからいくらでも働ける年齢です。

「何か……まずいことでも、したの?」

「いや、俺になんの落ち度もない。それは社長も重役連中もみんな口をそろえて、社長なんか土下座までしやがった」

「じゃあ、どうして……」

「景気が悪すぎるんだ。俺のいる事業部がなくなることになって……」

「どうするつもり？」

「どうする、って……。働かなきゃしょうがないけど……この不景気で……」

そう言うと、父は下を向いて、そのままうつむきっぱなしになってしまいました。

私が何も言えずにいると、父は、「悪かった、やっぱりお父さん……ちょっと疲れてるかな」と、しょんぼりしています。

「ご飯は？」

「……悪い、あんまり食欲ない」

「じゃ、お風呂は？　それとも、もう寝る？」

「……なんだか動く気がしないんだ。しばらくこのままにさせてくれ」

父は、ダイニングのテーブルセットに座ったまま、ぼんやりと虚ろな目をして、動こうともしません。

とても寂しそうな父……なんとかしてあげたい、なんとか元気になってもらいたい。でもどうすれば……。

その時、私が発作的に取った行動は、父の足元にひざまずき、その股間を撫でることでした。男の人に元気になってもらうのに、他の手段を思いつかなかったのです。

「お父さん、ねえ、元気出して……」

「み、みどり……」

「私、なんにもできないから。これくらいしか……」

ファスナーを下げて、中から元気のないモノを取り出して、先っぽをと咥えてみたり、頬ずりをしてみたり。そうこうするうちに、父は、だんだん元気になってきて。

「みどり……ありがとう、なんだかお父さん……元気出てきたよ」

「お父さん、一緒にお風呂、入ろうか？　そんなしょげてるお父さん、私、見たくないね、今日は大サービスしちゃうから」

脱衣場で、私は父の着ている物を一枚、一枚、脱がせて上げました。

「お父さん、先に入ってて」

「うん？」

「なんだか、脱ぐところは……ちょっと恥ずかしいな」

「そうか、すまん」

私はドキドキしながらブラウスを脱ぎ、ブラジャーを外し、そしてショーツも脱ぎました。そして中に入っていくと、父は私の体をまじまじと見つめて……。

「綺麗になったな、みどり」

「そんなに見ないで、恥ずかしいわ」

照れ隠しにシャワーをひねると、熱いお湯が蛇口から飛び出してきました。父と体を寄せあって、お湯を浴びているうち、私は自然に父の体を抱き締めていました。父も私を、ギュッと抱き締めてくれて……。

私の下腹部あたりに、さっきしゃぶっていた父のモノが当たります。さっきは、あんまり元気がなかったけど、今は上を向いてがっしりと硬く、とても頼もしくなって。

「お父さん……凄い、私に当たってるよ。硬くて、あったかい」

父はシャワーに濡れながら、私の瞳をのぞき込み、そして私に唇を重ねてきました。

「お父さん……大好き」

私は手を伸ばして、上を向いた父のモノの先端を指でいじります。父がぴくぴく……と震えて、気持ちよさそう。すると、父もお返しとばかり、私の股間に手を伸ばしてきたのです。あ……なんだか、すごく、いい。感じちゃう……実のお父さんなのに。

「あ……お父さん……いい」

「気持ちいいか」

「うん、すっごくいいよ。あ……そこ……あ、もうダメ……腰が抜けちゃいそう」

「みどり、お父さん、なんだかすごく元気が出てきたよ」

「もっともっと、元気になって……あ、そんなとこ……お父さん、私、もう……」

私は立っていられなくなり、へなへなとその場に座り込みました。すると、目の前にはさっきより一段と大きくなった父のモノが。私は無意識に、それを咥え、手を添えてしゃぶり、吸い、そして父のタマを撫でて。

「あ……みどり……凄い……そんなの、お前、どこで覚えたんだ?」

「ふふふ……ナイショ」

舌の両脇から唾液を絞り出すようにして、父を濡らし、そして舌の上でそれを転がすようにしながら、唇を閉じて締め付けて。そして私は、実の父親のモノをしゃぶっているという、その状況に、かなり興奮してもいたのです。

「ああ……みどり……凄い……最高だ」

「元気出たでしょ」

「ああ、もう……問題ないよ。さっきは申し訳なかったな……もう大丈夫だ」

「ねえ、お父さん」

「なんだい？」

「まだ、大丈夫？」

「うん？　……バカ、大人をからかうな」

「ねえ、私……欲しくなっちゃったの。お父さんが。もう我慢できないわ。今すぐ、ここで、入れて……お願い」

私は壁に手を突き、腰を突き出しました。背中に熱いシャワーが降り注いでいます。父には、シャワーが滴り落ちていく、私のアソコがぱっくり開いて見えるはず……。

「みどり……」

「なあに、お父さん」

「お前のここ、ピンクで、とっても綺麗だ。どこに出しても、恥ずかしくないなあ、立派に育って、お父さん、うれしいよ」

「いやだ、どこに出しても恥ずかしくない、って。どこに出しても恥ずかしいわ……」

「バカなこと言って……。お前がこんなにスケベだったとは」

「だってお父さんの娘ですもの」

「それもそうか……ハハハ」

父は私の腰をつかむと、後ろからインサートしてきました。一気に奥まで貫かれて、私の背中をビビビ……と快感が走り抜けていきます。

「ああ……いい」

「みどり……すごい、締まるよ」

父はしばらく、そのままにしていました。私も、何もせず、私の肉の中でこれから起きる父の動きを待ち受けていましたが、私のその部分は、自然に締まるようで……。

父はそれからおもむろに腰を動かし始めました。

腰をぐるぐる回転させながら、ある時は下から上へ、またある時は上から下へモノが動いて、私の膣のありとあらゆる場所を刺激する感じ。

「お……お父さん」

「みどり……」

「いい、いい、すっごくイイよォ！」

「お父さんもいい感じだよ……」

ぐるぐる……そして、その後は、もうひたすらパン、パンと突きまくってくる感じ。アソコはもう熱を持って、ヒリヒリしてくるような感じ。

「溶けちゃう、溶けちゃう……」

「みどり、イキそうなのか」

「うん、もうダメ、イッちゃいそう……ねえ、お父さんも、一緒に……あ」

「よし、お父さんも、イク、イク……」

最後に奥までパン！　と突かれた瞬間、私は天国へ。なんだか目の前で虹が破裂したような錯覚を味わい、そのまま仰向けでバスルームの床に崩れ落ちました。

すると父が、自分のモノを握って、ギュッ……と一回シゴくのが見えて、精液を私の胸に飛ばしたのがわかりました。それは、降り注いで来るシャワーのお湯と一緒になって、あっという間に流れていって……。

父はすっかり元気になりました。今新しい仕事を探しています。明るさを取り戻してくれたのが何よりです。

不倫手記
肉欲に従順な女たちの淫臭に満ち溢れた性の遍歴

２０２２年2月２８日　初版第一刷発行

発行人　後藤明信
発行所　株式会社　竹書房
〒102-0075　東京都千代田区三番町8-1
三番町東急ビル6Ｆ
Email: info@takeshobo.co.jp
ホームページ：http://www.takeshobo.co.jp
印刷所　中央精版印刷株式会社
デザイン　森川太郎
本文組版　有限会社　マガジンオフィス